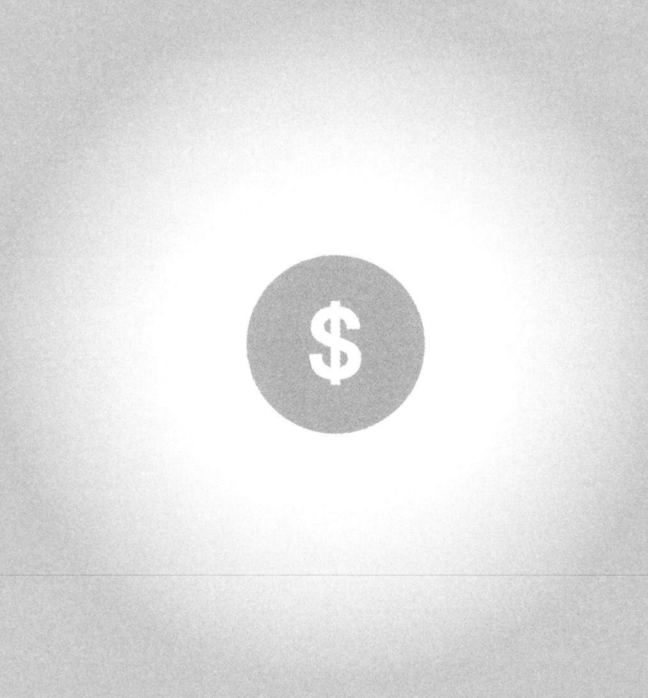

銀行員だけが知っている　お金を増やすしくみ

銀行理專才知道！

讓錢變多的43種方法

長岐隆弘——著

連雪雅——譯

PART 1

為什麼你的錢都不會增加？

PART 2

銀行員「拉攏錢靠近」的10種心態

PART 3

銀行員「吸金」的10種技巧

PART 4

向銀行員學習 絕對賺錢的「生財術」

生財計畫篇

生財投資法篇

PART 5
成為「守」富的要點

前言

你對銀行員的印象是什麼？

「好像很認真。」

「頭腦好、高學歷。」

「薪水高。」

「借錢給我的人。」

或是——

「經常調職。」

「感覺業績壓力很大。」

「很少說真話。」

「對人有差別待遇。」

「沒個性。」

是這些印象嗎？

感覺似乎很籠統。

事實上，我們去銀行不是到ＡＴＭ領錢，通常是為了買房子去辦房貸，才有機會接觸銀行員，有這些印象也很正常。

我曾經是某大銀行的行員。

實際成為銀行員後，因為連一塊錢的誤差都不能有，每天必須認真處理客戶的存款，再將客戶的存款借給企業或個人。

工作的內容，大致上就像各位所想的那樣。

不過，我也了解到各位絕對看不到的那一面。

銀行員不只處理存款、借款，也要販賣股票、債券、基金、保險等各種金融商品。

為了銷售那些商品，每到週末他們會努力唸書，以考取需要的證照。

這就是重點！透過學習，銀行員對所有金融商品的特性瞭若指掌，所以他們很清楚**哪種金融商品「對買方（顧客）有利？」、「對賣方（銀行）有利？」**。

因此，他們不會把對買方有利的金融商品推薦給顧客，卻會自己私底下悄悄購買，讓自己的錢變多。

銀行員是「生財」高手。

其實，我還是銀行員的時候，也曾利用那些技巧，成功獲得薪水以外「每個月增加一百萬（日圓）以上的生財計畫」。

多虧那個「生財計畫」，現在的我能夠做到以下這些事：

・不用每天去擠客滿的電車；
・不必向討厭的上司低聲下氣；
・不用對「奧客」鞠躬哈腰做生意；
・不必再無薪加班，可以準時回家；
・不用為了賺錢，工作到身心俱疲；
・陪伴女兒的時間變多了；
・每兩個月一次，可以在平日的時候出國旅遊。

「可是，銀行員本來就很聰明、薪水又高，難道做不了那些事嗎？像我這樣的普通上班族或家庭主婦才沒辦法吧……」

如果你那麼想，那可就大錯特錯！

這些技巧，是我仔細觀察平時身處封閉世界的大銀行行員才得到的發現。

一般人很難察覺，可說是集結了銀行員獨特的「金錢價值觀」、「對錢的嗅覺」、「省錢術」之大成。

這就好比所謂的「訣竅」，和現在的職業、收入、學歷或聰不聰明無關，任何人都能簡單實行。

只要了解這些，你的人生就能如你所願改頭換面。

接下來，讓我為各位介紹「生財」的技巧吧！

Part 1

為什麼你的錢都不會增加？

就是因為這樣，你的錢才「沒增加」

首先，請教各位一個問題：

「這一年來，你的錢大概增加了多少？」

「多了一百萬（日圓）！」

能夠像這樣馬上回答出來的，究竟有多少人？

「哪有增加，還少了三十萬（日圓）咧！」

或許，你也如此苦惱。

但我想，能夠立刻回答「多了多少」、「少了多少」的人其實不多。

「咦？我不知道欸……」

大部分的人應該都是這麼回答。

「反正，又不是多大的金額。」

感覺也有人會這樣說。

各位聽好囉！說那種話的同時，錢絕對不會增加！

而且，就是因為說了那種話，錢才沒增加。

對本書感興趣的人，或多或少都抱著「今後想讓錢變多」的想法。

此刻的你，正開啟了「錢多多」的第一扇門。

說到「讓錢增加的方法」，你會想到什麼呢？

首先浮現腦海的，應該是「買彩券」吧！想一夕致富的人，在傳聞開獎率高的彩券行前大排長龍，電視新聞經常會有那樣的畫面。

此外，有些人認為賭博可以贏大錢，也有人想靠投資股票好好賺一筆。

至於想法比較踏實的人，或許會說：

「一點一點存起來最實在。」

「努力工作，增加收入。」

然而，錢確實增加到目標金額的人又有多少呢？

據說買彩券中頭獎的機率約是千萬分之一。

賭博或投資股票卻賠錢的人也不在少數。

一點一點慢慢存，存到相當大的金額需要花很長的時間；賣力工作，就算錢變多了也沒時間花，豈不是白忙一場。

那麼，

「真的有讓錢增加的方法嗎？」

各位心中也許會有這樣的疑惑。

請放心！讓錢增加的方法，向每天都在接觸錢的人學習就好了。

「每天都在接觸錢的人？」是的，就是銀行員。

「那，我趕快去請教銀行員！」

且慢！請別那麼急。

突然跑到銀行，詢問銀行員讓錢增加的方法，對方的回答不外乎是：

「為了將來做準備，把獎金拿來存定存，這樣絕對妥當！」

「趁現在，用外匯存款進行海外投資吧！」

「今後的趨勢是投資價值股（低價位股票）（註）喔！」

（註）價值股（低價位股票）：value stock，相較於現有收益，股價被低估的股票。

「為了將來的個人年金，買基金做長期投資吧！」

最後只會得到這些結論。

「銀行員是金錢方面的專家，他們的建議很可靠，應該不會吃虧吧？」

千萬不能有那樣的想法，被對方牽著鼻子走，買下他們推銷的商品。

努力賺來的辛苦錢，拿去買銀行員推銷的金融商品，你的錢當然不會增加。

說穿了，銀行員就是在賣「商品」。

為了讓自己的公司（也就是銀行）賺錢，他們希望你買那些商品。也就是說，對他們而言，你的錢能否增加是其次，這才是真話。

不過，我們不能責怪他們的行為，畢竟每個企業的經營目的都是為了創造利益。

銀行也屬於企業，當然也是如此。

因此，**各位別急著購買銀行員為了做生意推銷給你的金融商品**。

那麼，到底要怎麼向銀行員學習讓錢增加的方法呢？

試問各位對銀行員的印象是什麼？

「祕密很多！」

「似乎表裡不一……」

「個性好像很差……」

你是否也有這樣的感覺？

其實……的確如此！

銀行員是有很多事不能說的保密派。

而且，百分之百的「表裡不一」。

所以，就算知道**「讓錢增加的方法」、「賺錢的方法」，他們也絕對不會告訴任何人。**

銀行員從事販賣金融商品這樣的工作，從中學習金融知識，透過每天和錢的接觸，學會了「聰明理財的方法」。

而且，他們會暗中觀察各種與錢有牽扯的人和企業，能夠分辨出「留得住錢的人」和「留不住錢的人」。

運用那樣的技術，**私下逐漸增加自己的財富**。

「好康都被銀行員搶光了！」

感到忿忿不平前，請先弄清楚銀行員為什麼要「公開（表面上）」向你推銷那些金融商品，好好理解當中的道理。

揮別「一般的金錢常識」！

其實，銀行員知道不少關於金錢的「內幕」。

首先，告訴各位一件最重要的事。那就是：

銀行員不會存定存。

「什麼？可是，他們都會推薦我存啊！」相信很多人聽了都嚇一跳對吧！

當活期存款的餘額累積到某種程度的大筆金額，或是公司匯入獎金的時期，

「與其這樣擺著，存定存比較划算喔！」

被銀行員這樣推銷過的人應該不在少數。

容我再次提醒各位，**即使推薦給別人，自己的錢卻不會拿去存定存，這就是銀行員。**

「定存，感覺是最安全的方式……」

的確，定存可以保障本金，存起來的錢不會減少。但，增加的機會也是寥寥無幾。

各位知道現在的平均定存利率是多少嗎？

在日本，根據二〇一三年九月的資料，存一年以上，網路銀行的年利率是〇·三%，大銀行約〇·〇三%，利率相當低。

一九八〇年代後半到一九九〇年代前半的日本泡沫經濟（註）時期，年利率曾高達五・〇%。

若是當時的利率，過個十幾年，存款可能會加倍。然而，現在的利率只剩小數點以下兩位，在你有生之年不會有那樣的情況發生。

考慮利息時，有個不錯的方法──「**72法則**」。

意思是，**「用72除以利率，得到的數字就是存款加倍的年數」**。

例如，泡沫經濟時期的利率是五・〇%，

72÷5＝14.4

因此，過了十四年，存款才會加倍。

（註）泡沫經濟：資產價值超越實體經濟，因而喪失持續發展能力的總體經濟狀態。泡沫經濟多由大量的投機活動（不動產、股票等）所支撐，因為缺乏實體經濟的支持，資產如泡沫容易破裂，故稱為「泡沫經濟」。

假如，換做現在大銀行的利率〇・〇三%，

72÷0.03=2400

沒錯！必須等上兩千四百年。

即便是網路銀行的利率，

72÷0.3=240

無論如何，在你有生之年，存款「加倍奉還」的情況不可能發生。

順帶一提，網路銀行與大銀行的利息有十倍之差，那是因為各自的成本開銷有所落差。

大銀行在全國都有分行，各分行的租金、人事費等基本成本相當可觀，就算有利潤，回饋給存款戶的金額也會變少。

於是，定存打著「可保障本金」的安全性，利率設得很低。

因此，**對想增加錢的人來說，「定存」可說是完全不適合的金融商品。**

而且，如此低的利息還有一個問題，那就是「信用風險」。信用風險是指，當銀行破產或倒閉時，你的存款恐怕也拿不回來。

「銀行怎麼可能會倒？」

現在會這樣想的人應該很少了。

泡沫經濟時期的一九九八年，北海道拓殖銀行的破產，日本民眾仍記憶猶新。

那麼，銀行倒閉時，我們的存款將何去何從？

關於這個部分有所謂的保護制度。**存款保險制度，也就是「存款理賠（pay-off）」。**

以日本來說，一個金融機關的理賠保障額度是本金一千萬日圓及其利息。由於一家銀行的存款上限是一千萬日圓，剩下的錢就會存到其他多個金額機關。

不過，這個理賠制度是否真的有效，至今尚不明確。

請各位試著想一想。二十多年前還很多家的都市銀行、地方銀行，幾經合併成為現在的大銀行。

經歷那樣的過程，今後仍有可能合併。

所以，多數的銀行員「不存定存」。

對銀行員來說，定存利息少、信用風險高，不是理想的生財管道。

「如果有一筆錢存定存，還不如拿去用在其他的金融商品。」這才是銀行員的真心話。

以前很好賺，現在很困難的股票投資

「好吧！那把定存全部提出來買股票好了！銀行員也都那麼做對吧？」拿起報紙，準備開始研讀股市行情的你，請等一等！

有那樣的果斷力及熱忱很好，但投資股票之前，有些事你必須知道。

請仔細想一想，你身邊真的有人「因為股票大賺」嗎？

銀行員都很了解顧客存款和薪水之外的資產狀況。當中，的確有人「買股票賺了大錢」。

不過，就算有也已經是過去的事。那些人不外乎是經歷過景氣暢旺、日本戰後經濟奇蹟（註）的人，或是擁有許多自家公司的股票，因為公司股票上市獲得股利的人，抑或是十多年前在ＩＴ產業泡沫經濟時期投資成功的少數人。

那麼，現在，甚至是今後會變成怎麼樣呢？

以目前的現況來看，往後預估會急速成長的市場，幾乎沒有。

手上現有的股票能夠增值，這般幸運的事也不太可能發生。

再者，**個人進行股票投資「比以前難上許多」**。

理由之一是，出現了運用鉅款投資的機構投資者，以及透過人工智慧的程式交易趨勢興起。

（註）日本戰後經濟奇蹟：經濟高度成長一九五四年～一九七三年的十九年間。稱為日本戰後經濟奇蹟。

投資股票能夠動用的錢越多，越有利於交易。運用個人投資者（散戶）的錢進行投資的機構投資者，一次可以動用數十億至數百億的鉅款。

不得不說，在相同的市場，個人投資者想靠幾十萬的單位拚輸贏非常困難。

而且，近來逐漸成為主流的人工智慧程式交易，對個人投資者也是一大阻礙。人工智慧快速發展，就連專業棋士在圍棋或西洋棋的比賽中，也經常輸給電腦。

人工智慧獲得的情報量比人類豐富，計算速度快，且不受多餘的感情干擾，所以能夠相當正確的判斷股市。

經常看股市的話，股價時上時下，多的時候一秒可能就有五百多次的買進賣出。因此股市會瞬間出現急升、急降的情況，手動的操作完全跟不上那樣的股市變動。

個人投資者想在工作之餘，利用空檔時間買股票賺錢，簡直是不可能的任務。

股票還有一個可怕的地方。

那就是，容易陷入損失擴大的狀態。

說到投資股票，比較常聽到的還是「買股票賠很大」，而非「買股票賺很大」。

在證券界有這麼一句話：

「高不賣，低不買。」

意思是，「股票用最高價賣，用最低價買，都是很困難的事。」股價漲的時候，「一定還會再漲！」任誰都會這麼想。往往等到最好的行情過了才察覺；同樣的，股價跌的時候也總是等到反升才恍然大悟，「原來那就是底限。」

遇到股市下跌的情形，還有這麼一句話：

「半價、減兩成、打八折，才會止跌。」

股價下跌時會先變半價（原本的50％），然後又掉兩成（40％），最後變成打八折（32％）。

也就是說，當股價下跌，「股價沒有降到最高價的三分之一是不會停的」。

舉例來說，發生IT產業泡沫經濟的二〇〇〇年四月，股票最高價是20833日圓，因為「活力門危機（Livedoor shock）」（註1）開始下跌，到了二〇〇三年，底盤價已是7603日圓。

跌幅約64％，幾乎是三分之一。

各位應該還有印象，迷你泡沫經濟後的「雷曼衝擊（Lehman shock）」（註2），當時股市也出現了相同的變動。

（註1）活力門危機（Livedoor shock）：又稱「活力門事件」。發生於二〇〇六年，因活力門公司（Livedoor）醜聞引起的事件，在日本經濟界除了活力門企業的股票暴跌，也用來指日本整體股市的下跌。

（註2）雷曼衝擊（Lehman shock）：二〇〇八年，雷曼兄弟控股公司破產，其發行的連動債價值因而暴跌。

二〇〇七年六月的最高價是１８２９７日圓，後來受到雷曼衝擊的影響，二〇〇九年底盤價只剩６９４４日圓。

跌幅約62%。

股票這東西，股價上漲的時候會一直持續上漲。

另一方面，下跌的時候，就像從懸崖往下掉似的，一口氣跌很多。

因此，證券界有個聰明的投資訣竅是，出現兩成利益時，就要好好把握。

千萬切記，不要太貪心。

遇到股市下跌時，**一開始先決定好「停損點」是鐵則**。

這麼說固然有理，但即便是熟悉股市的專業投資者也很難徹底實行。

工作之餘還要不時確認股市的當日沖銷（註），對個體投資戶來說是很難做到的事。

心裡掛記著股市，怎麼可能專心工作？到頭來，拖拖拉拉錯失良機，等到察覺時別說是錢變多，很有可能是資金都用完了。

這麼想的話，各位應該能了解投資股票的風險相當多。因此，現在幾乎沒有銀行員會選擇投資股票當作生財管道。

（註）當日沖銷：簡稱「當沖」。在股市買進、賣出後，為了避免價格波動的風險，當天進行拋補以軋平頭寸，在同一天買進賣出同一檔金融商品的投機式交易。使用這種交易方式的投資者常被稱為「當沖客」（day trader）。

錢不增反減的金融商品是什麼？

正確答案是，**股票基金**。

「是在胡說什麼……」或許有人會這麼想。

根據日本的報導，二〇一四年開始的「ＮＩＳＡ」（少額投資非課稅制度）（註）受到關注，許多人為此開立帳戶。因為ＮＩＳＡ對投資收益有最長五年的零課稅優惠，所以覺得「很划算！」決定開始投資信託的人，稍安勿躁，請先聽聽我的說明。

（註）「ＮＩＳＡ」（少額投資非課稅制度）：又稱「日本個人儲蓄帳戶」，自二〇一四年一月至二〇二四年，每戶上限五百萬日圓，每人每年可享有一百萬日圓的金融資產投資免稅額。

股票基金這東西，從成立的經過就令人存疑。泡沫經濟瓦解的一九九〇年代中期之後，個體投資戶害怕再次經歷泡沫經濟瓦解期的失敗，於是不再投資股票或其他金融商品。

為了周轉大量庫存的日本股票，想出來的方法就是股票基金（請參考圖1）。股票基金是指，專業投資者或基金管理人運用散戶的錢，投資日本的股票或海外的股票。

然後，再將獲得的收益分配給投資戶。

對出錢的個體投資戶來說，配合時代陸續推出新商品的股票基金，今後頗具發展性，有了這樣的保證，感覺容易投資。

而且，負責投資的人不是像自己這樣的門外漢而是專家，又多了份安心感。

這樣聽起來，錢似乎是會增加。

不過，股票基金其實是賣方受益最大的商品。

「每賣出一項新商品，就能賺手續費。」

沒錯，這才是股票基金最大的目的。

坦白說，**股票基金是賣方也就是銀行，為了賺取手續費創造的商品。**無論運用績效如何都有手續費入帳，對賣方來說簡直是毫無缺點的商品。

（圖1）基金的結構

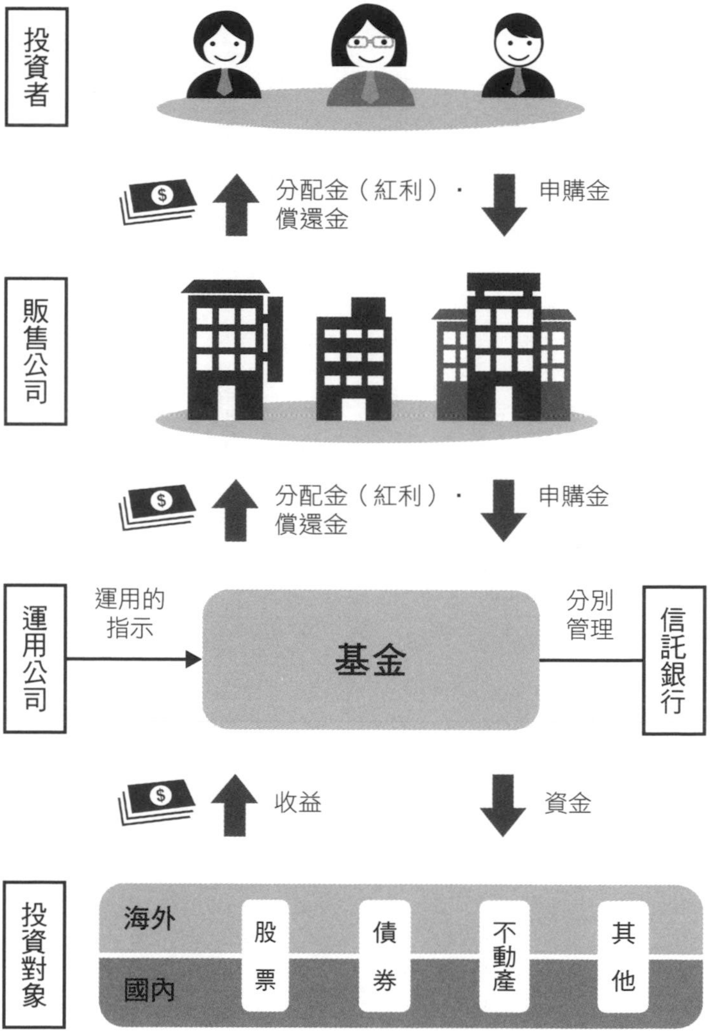
投資者
分配金（紅利）・
償還金
申購金
販售公司
分配金（紅利）・
償還金
申購金
運用公司
運用的
指示
基金
分別
管理
信託銀行
收益
資金
投資對象
海外
國內
股票
債券
不動產
其他

緊接著，來看看股票基金所需的費用。

股票基金的手續費有三種：

①申購手續費；

②基金報酬；

③基金財產保留款。

這三個名詞感覺很陌生，以下是個別的說明。

首先是申購手續費。這是購買金融商品時，付給販售公司的手續費。這樣解釋應該比較好懂了吧！每家銀行或證券公司的申購手續費各不相同，基本上多為投資額的１～３％。

也就是說，銷售公司只要販賣股票基金，就能自動獲得手續費。

再來是，基金報酬。「報酬」的定義不是很明確，感覺像是投資者可以得到的錢，實則不然。

基金報酬指的是，保有股票基金的期間，每年從基金財產中扣除「付給運用公司的手續費」。大致上是0.5∫2.0％。

因此，報酬是運用公司得到的報酬。運用公司將基金報酬的一部分，拿來支付人事費、報告發行費等開銷。

最後是基金財產保留款。「保留款」是指什麼？

簡單的說，就是股票基金解約時的手續費。

雖然不是所有的股票基金都有此費用，但比例也占了基準價格的0.1％左右。

這筆費用是當作「中途臨時解約」的補償金。

以上三種手續費是股票基金所需的費用。

實際上大概要花多少錢呢？一起來算算看吧！

假設用一百萬日圓做股票基金，手續費最多要付3.0%的話，實際的運用金額為九十七萬日圓。

投資金額一百萬日圓－申購手續費三萬日圓＝運用金額九十七萬日圓（已減少三萬日圓）

才剛起步，原本的一百萬已經少了三萬。

一年後又要扣掉1.6%的基金報酬，若運用績效未達3.0%＋1.6%的水準，錢就會繼續減少。

換言之，假如要讓錢比原先的一百萬日圓多，必須獲利4.6%以上。

運用金額九十七萬日圓－基金報酬一．六萬日圓＝一年後的運用金額九十五．四萬日圓（再減少四．六萬日圓）

為什麼投資股票基金要花這麼多手續費呢？

那是因為，**銀行或販售公司對於運用績效完全不負擔風險**。和股票基金的販售、運用有關的人事費等費用，以及預先用手續費的名義收取的企業利益，這種制度形成的金融商品，就是股票基金。

銀行等販售公司在販賣的當下已經確保花費及利益。也就是說，對銀行而言「賣出時立刻賺」、「越賣越賺」的商品，就是股票基金。

對運用公司來說，每年能夠以基金報酬的名義收到定額的手續費。無論運用績效的好壞，**就算你的錢沒增加，運用公司獲取的手續費還是一樣。而且，那是一定會得到的手續費**。

當然，只要投資成功，運用公司就會將收益分配給投資者。

因此，有些人就算付高額的手續費還是願意做股票基金。

被選為股票基金對象的，大部分在市場擁有高評價，雖然是穩定的市場，仍無法期待「大賺一筆」，獲得龐大的利潤。

另一方面，卻也無法躲過像雷曼衝擊那樣「暴跌」的虧損風險。

這麼看來，各位是否也覺得，股票基金對個人投資者是沒什麼好處的商品呢？

沒錯！銀行員當中，沒有人會選擇股票基金來增加資產。

分散投資無法讓錢變多？

「別把全部的蛋放在一個籃子裡！」

銀行員建議你分散投資時，是否也說過這樣的話呢？

假設蛋是你的財產，把蛋全放進一個籃子，如果籃子壞了，蛋也就破光了。所以，要把蛋放在好幾個籃子裡。

換句話說，這句話的用意是，請把你重要的錢分散投資在各種金融商品。

原來如此，蛋的例子很好懂。

聽了令人不禁心想：「說的很有道理呢！」

然而，投資真的是這麼一回事嗎？

所謂的分散投資，舉個例來說好了。假設你的資產是一百萬日圓，如果沒有全部存起來，而是：

拿十萬買日本的股票、

拿十萬買中國的股票、

拿十萬買美國的國債、

再拿一些買巴西的外幣存款……

像這樣，將資產分割做各種投資。

這麼做的理由是，**就算有一項資產的運用績效不佳，還有其他績效好的資產可以彌補損失。**

這在金融界已是流傳已久的有力見解。

日本的景氣與他國的景氣有所關聯，於是先進國家的日本在景氣差的時候，開發中國家的巴西會變好，這是一種逆相關的關係。

此外，股市不好的時候，債券就很好；股市好的時候，債券就變差。

不過，還是**發生了不符合這種常理的事件**。

是的，就是各位都知道的「雷曼衝擊」。

至今仍是記憶猶新，後來引發了「全球股價下跌」。

所有股市都在瞬間暴跌。由此可知，金融市場已是全球一體化。

因此，如今幾乎感受不到分散投資的好處。

擁有一定程度資產的人，考慮到過度集中的風險保值而分散資產，這種想法是正確的。

但，**今後想增加資產的人，輕鬆分散投資獲得成果已是非常困難的事**。

銀行員悄悄進行的「生財方法」是這個！

讀到這兒，各位已經了解銀行員知道這幾件事：

「定存無法讓錢增加。」

「在現今這個時代，個人的股票投資贏不了。」

「股票基金碰不得。」

「分散投資賺不了錢。」

而且，他們**絕口不提自己知道**，不定存、不買股票、不做股票基金、分散投資，

「錢還是不斷增加的方法」。

那是怎麼樣的方法？

「用只有銀行員能得到的情報嗎？」

「還是說，銀行員的薪水本來就高，所以才會那樣？」

各位心中想必浮現各種疑問，但那些都不是。

當然，有些人會利用特殊情報讓錢變多，不過那是極少數的人。

不是所有的銀行員都能得到賺錢的情報，而且手頭上有寬裕的現金可以自由使用。

首先要關注的是，**銀行員「對錢的想法」**。銀行員有著一般人沒有的「金錢嗅覺」，因而產生確切的價值觀。那些的想法與價值觀，隱藏著只有銀行員能夠悄悄生財的理由。

只要理解那些想法與價值觀，任誰都能立刻實行，你的錢自然也會不斷增加。

下一章開始，原為大銀行行員的我，將為各位仔細解說銀行員的具體心態及技巧。

請跟著我一起展開生財之旅吧！

320
400
460
370
june
july
aug.
sep.
nov.
dec.

Part 2

銀行員「拉攏錢靠近」的10種心態

銀行員必備的「生財」心理準備

接下來為各位說明銀行員實踐「生財方法」時，必定具備的心理準備，也就是「拉攏錢靠近」的十種心態。

不直接傳授生財方法的技巧，先說明心理準備是因為，光學會技巧，錢還是無法增加。

讓錢增加的技巧，是出自於讓錢增加的「行動」。只學會「行動」，確實會有一定程度的結果（也就是錢變多）。

但，**不好好理解那些「行動」的意義，很快就會回到原本的自己，增加的錢也會立刻消失。**

為避免那種情況，我們必須理解行動的意義，也就是「錢自然增加的狀態」。了解「錢自然增加的狀態」，就是生財的心理準備。

那麼，一起來好好學習銀行員的十種心態吧！

1 你能夠正確說出「自己的存款金額」嗎？

請問各位，你能正確說出自己的存款金額到百圓的單位嗎？

其實，大部分的銀行員都說得出來。就連一圓單位都知道的人絕非少數。

留得住錢的人，能夠「說出正確的存款金額」。

「我才不相信！」

或許有人會這麼想，但對銀行員來說，

「不清楚自己有多少財產，更令人無法置信！」

進入大銀行工作之初，有件事令我很驚訝，大部分的前輩行員都能說出自己的錢包裡有多少錢。

除了紙鈔的張數和金額，就連零錢也在五百圓的誤差範圍內，幾乎完全正確。

「也是啦！銀行員的工作是處理別人的錢，自己的錢當然也要確實掌握。」這種莫名的認同感，至今我仍記在心裡。

其實，這和銀行員的背景有關。

銀行這樣的工作環境，經常在碰「錢」。當然，那些都是別人的錢。因此，銀行員被嚴格要求仔細區分別人的錢和自己的錢。**無論金額多寡，為了不搞混別人和**

自己的錢，必須徹底的做好自我管理。

任職於銀行的時期，有件事我一直忘不了。

那是關於同單位的前輩H先生的事。H先生很有名，因為他總能說出自己的錢包裡有多少錢，精準到連一塊錢都不會錯。

某天，我看到在歡送會上喝醉的H先生，忍不住想捉弄他。我和同事從H先生的零錢包拿走幾枚硬幣。當時我心想，就算他再厲害也不會發現，之後可以用這件事來笑他。

隔天到了銀行，聽到H先生說：「昨天我掉了兩百五十塊，有沒有人看到？」我著實嚇了一跳。原來他酒醒後馬上查看錢包，隨即發現錢少了。

像H先生這樣的人很少見，不過，銀行員的確總能清楚掌握自己有多少錢。

而且，不光是錢包裡的錢，就連銀行存款、持有的股票或股票基金等的金融資

產時價，甚至是不動產或家用車的時價，大部分的銀行員都有仔細整理並掌握。

有些人還會做成資產一覽表，用 EXCEL 管理。

如果你也想讓錢增加，請先好好掌握自己的錢。

請容我再問一次：

「你的存款金額是多少？」

回答不出來的人，請馬上去銀行補登存摺。

2 無論如何，就是先「謀利」，錢增加有其意義

說到銀行員喜歡的事，那就是「謀利」。

各位或許會覺得「謀利」二字聽起來挺陌生，似乎是和自己無關的事。

謀利是指「利用利息或紅利增加財產」。所以，把錢放在銀行的你，「謀利」

當然和你有關囉！

銀行員工作經常與錢為伍。

他們之所以選擇那樣的工作環境，多半是因為——

「超愛錢！」

看著存摺陶醉、傻笑的人，其實很多。

「銀行員的薪水本來就高，所以才能謀利生財不是嗎？」

也許有人會這麼想。比起一般上班族的年收入，銀行員給人高薪的印象。

不過，那並非事實。

其實，同樣是新人時期，銀行員的薪水不比其他企業好，可說是低薪的社會新鮮人。

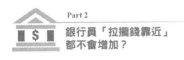

在日本，銀行員最初的工作地點基本上都離家很遠，大部分的人都住進員工宿舍。

每天工作到很晚，偶爾假日也要上班，沒什麼時間玩樂或喝酒。

住的是員工宿舍，家具等基本配備都有了，幾乎不會花什麼錢添購居家用品。

因此，銀行員的生活過得很簡樸。

然而，約莫十年後升了職，薪水突然間大增。

這時候，**許多人不會因為薪水變多開始奢華度日，照舊過著以前的生活，把多出來的錢拿去運用，這就是銀行員的特徵。**

社會新鮮人時期的簡樸生活帶來很深的影響，銀行員會覺得就算收入增加也不能亂花錢，很多人還是過著簡樸踏實的生活。

例如買車的話，比起賓士、ＢＭＷ之類的高級車，大部分的人會選擇國產車（像是豐田的油電混合車Prius）；買房子的話，比起灣岸區塔型大廈（tower mansion）的高樓層，多半屬意在郊外住宅區自建與父母同住的房子。

插個題外話，我朋友任職的證券公司，情況完全相反。

由於證券公司的獎金頗為豐厚，發獎金之前不少人就會熱烈討論「要用獎金買什麼」、「打算怎麼用」，出國旅遊、買別墅或高級進口車的人非常多。

銀行員和證券營業員在心態上有著顯著的差異。

據說在一流企業工作的普通上班族，終生收入是三億日圓。

換言之，這是勞動所得的上限。

如果想要更多，只能增加非勞動所得。

有個資產運用的理財專業術語，「理財素養（Financial Literacy）」。

直譯的話就是，金錢的（＝Financial）應用力（＝literacy），也就是「理財力」。

理財素養有四個方法。

分別是「增加」、「儲存」、「保護」、「使用」。

在這當中，任誰（就連小孩子）都能馬上做到的，就是「使用」。「保護」、「儲存」也不是多難的事，在你我的生活周遭，充斥著省錢術和存錢方法。

但，請各位仔細想想，**當中最難的，就是「增加」錢**。首先把重點放在這兒，好好學習「增加錢的方法」。

3 為「重要」的事、「無謂」的事排定優先順序

請各位再次思考對於銀行員的印象。

關於這個問題，最多人回答的答案之一是：

「小器！」

身為前銀行員，我老實說，沒錯！銀行員「多半很小器」！

不過，換個說法或看法，

「就連一塊錢也很重視。」

所謂的小器，其實是這個意思。

在銀行，窗口業務結束後，假如當日餘額有一塊錢對不起來，所有人都不能下班，必須重新檢查當天所有的交易，找遍銀行內的垃圾桶，如果還是找不到，負責人會被給予很大的負評。

經由那樣的經驗，銀行員深知**「一塊錢的沉重」**。

因此，銀行員養成了**「絕不把錢花在無謂的事」**的習慣。

對他們來說，哪怕只是一塊錢也不浪費。

可是，這和小器不同，他們對於自己認為重要的事，花起錢來毫不手軟。

例如有位上司，在工作的交際應酬或是和部下聚餐喝酒時，總是大方的設宴款待。

過去我也經常受到款待，到銀座、赤坂的高級餐廳吃大餐。

但，那位上司和家人外出用餐，都只去固定的平價餐廳或迴轉壽司，而且還會規定點餐的上限額度，聽到這件事時我很驚訝。

「明明平常花錢花得那麼豪邁……」

當時，我對那位上司的家人感到很抱歉。

不過，如今我能夠理解，那位上司只是把錢清楚的分成「該花」與「不該花」。

銀行員的薪水或許的確比較高，但多數人還是過著簡樸的生活。

他們不會為了炫耀、虛榮心而花錢。

「只把錢先用在重要的事」，這才是他們的想法。

那麼，花錢的優先順序是怎麼決定的呢？

電腦大廠戴爾的創辦人麥可・戴爾曾這麼說：

「比起決定要做的事，決定不做的事比較難。」

就連知名的經營者也認為，正確判斷優先順序並不容易。

在此，為各位介紹銀行員式的「重要度與緊急度的矩陣圖（區分無謂的事及重要的事的方法）」。

準備好紙和筆，趕緊來試一試（請參閱圖2）。

首先，列出生活中占用最多時間的十件事，逐一寫進矩陣圖裡。

這麼一來，你就能知道那些事的「重要度」、「緊急度」。

當中，經常處於優先狀態的就是「重要度高、緊急度也高」的事。

「重要度高、緊急度低」的事總是被延後處理。待會兒，我會告訴各位為了解決那些事應該怎麼做。

接著，請列出「不想做的事」，盡可能多列一些。

當中，你最不想做的事是什麼？

以我的情況，上班族時期最不想做的事，就是「搭尖峰時段的通勤電車」。

然後，想一想應該怎麼做才能避開不想做的事。

「討厭繁忙擁擠的通勤」→「辭掉工作，自己創業」

（圖2）重要度與緊急度的矩陣圖

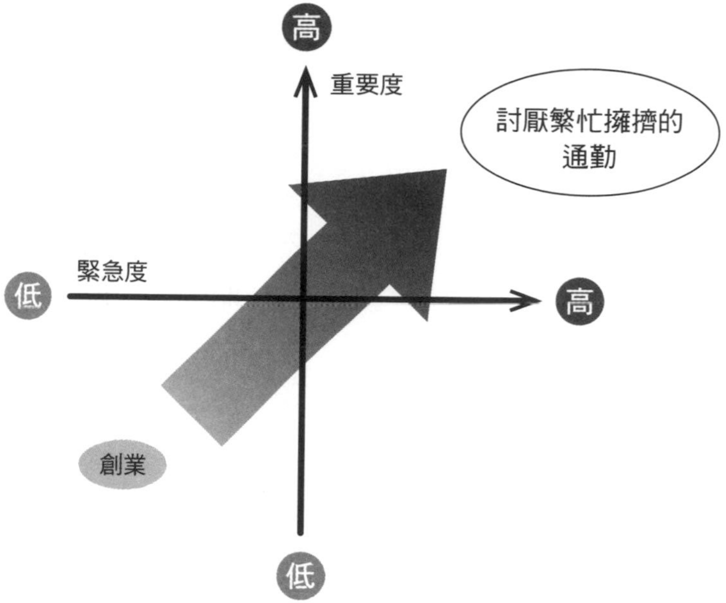

從「不想做的事」導出「應該做的事」，提高優先順序

到了這個階段，必須具體計畫創業非做不可的事是什麼，經常思考那些事，提高重要度。

重要度提高了，如果緊急度低的話，就會一再拖延，所以要帶入日常生活的安排中，使緊急度也跟著提高。

該做的事變得明確，自然會知道什麼事要先做，也就不會把勞力和金錢用在無謂的事上。

請各位務必試試看這個方法。

4 因為「安定」，所以安心，盡力避開「風險」

銀行員非常討厭「風險」。

所以，他們會徹底做好「風險管理」。

銀行員喜歡「安定」這兩個字，喜歡重複做相同的事，不喜歡「變化」。

我還是銀行員的時候，當時的上司就是典型的代表。

他每天出門上班的時間都一樣。午休時，固定坐在員工餐廳的某個位置吃飯，吃完飯就回到自己的座位，小睡十五分鐘。每天離開銀行的時間也都一樣。日復一日，重複著相同的行動。

光這樣看，會覺得他是個一成不變的人。但，這位上司是非常優秀的銀行員，經常締造亮眼的業績。

像這樣喜愛安定、喜歡採取固定行動的銀行員，不喜歡冒險。

即使獲利豐厚，只要風險大，絕不出手。

事實上，處理融資案也是如此，盡量找風險低或是沒風險的案子。追根究柢，那是出自銀行員想徹底做好風險管理的心態。

風險管理是指，正確理解損失範圍，加以限制。也就是說，預先了解可能有多少程度的損失，控制損失的部分。

因此，損失範圍大或是無法預測的情況，就算預估的獲利再大，也不會輕易接手。

最好的例子，就是賭博。賭博也許能一獲千金，但風險也相當大（請參閱圖3）。

請各位想一想，買彩券這件事。

假設賽馬的組頭抽成25%，彩券的話，超過一半都被組頭賺去，中獎的人只能平分剩下不到一半的錢。

這麼一來，原本的風險（沒中獎，彩券變垃圾的風險）也會變大，就算中獎，相較於風險，賺到的也不多。顯然從這個理論就能知道，銀行員不會花錢賭博。

當然，如果中頭彩，三億元、六億元入口袋也不是沒有可能，只是中獎率太低，銀行員認為那就是風險。因此，就算銀行附近有彩券行，大部分的行員都不會買。

各位用錢時也請仔細思考，花了那筆錢的風險，你是否控制得住。

（圖3）賭博的扣除率

每賭1000日圓減少的金額（平均）

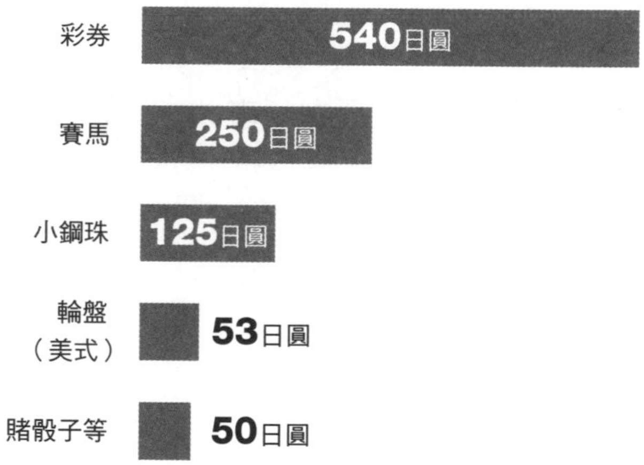

參考文獻：《賭博狂熱》谷岡一郎（著）／中公新書

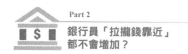

5 「實質價值」最重要，別被「感情價值」左右

人類感受到的價值有「實質價值」與「感情價值」。

這兩個都是行銷學的專業用語。

「實質價值」是指物理的、機能的滿足度，也就是「物美價廉」的事物。

例如，住一晚七千日圓還可以泡溫泉的商務旅館，或是便宜又保暖的ＵＮＩＱＬＯ發熱衣等，實質價值高的商品、服務皆屬之。

相較之下，**「感情價值」則是能產生心理的、感性的滿足感**。例如，五星級飯店、古馳（GUCCI）或寶格麗（BVLGARI）等名牌都是代表性的例子。

銀行的顧客很多是社會上的「有錢人」，當中許多人容易被感情價值左右，銀行員總是冷眼旁觀這些人的舉動。

有時銀行員私下閒聊說笑，提到「某社長終於做了」，指的是對方買了遊艇。

遊艇很昂貴，停靠的場所及維護費也得花不少錢，據說是「買了之後會後悔的第一名商品」。

當然，如果是喜歡搭船的人就無所謂，只是大部分的經營者買遊艇，是出於「想讓別人覺得我有買得起遊艇的經濟能力」的虛榮心或自我滿足感。

所以，遊艇可說是感情價值極高的商品。

不過，希望各位別誤會，感情價值高未必就是不好的東西。這世上喜歡那種東西的人很多，這沒什麼不好。況且，街上隨處可見引人衝動購物的廣告或宣傳，買東西時不被感情價值左右，對一般人來說是相當困難的事。

但，唯獨這件事請各位記住。

銀行員不會被感情價值左右，就算別人再怎麼推銷，他們絕對不會衝動購物。

經濟學的鐵則中，有個觀念是：

「已經用掉、無法回收的成本，無論金額多寡，別當作今後判斷的依據」。

這稱為「**沉沒成本（sunk cost）**」。

例如，你看到某部電影的預告覺得好像很有趣，於是買了預售票，花了一千三日圓。

上映日當天，你帶著電影票滿懷期待的去了電影院。

沒想到，才開演十分鐘……

「這電影不是我喜歡的類型。一點都不有趣，要忍著看完還真難受！」你已經有這樣的感覺。

此時，如果心想「要是沒看完，豈不浪費了買票的錢」，所以就算覺得無趣還是忍著看完，這在經濟學上是種「損失」。

究竟「損失」了什麼呢？

雖然覺得電影無趣，還是硬撐著看完，浪費了兩小時的時間。

預售票的一千三日圓，就是沉沒成本。

那筆錢是過去的花費，已經回不來了，不可以用來當作「現在該不該繼續看這部無聊電影」的判斷依據。

在這個例子中，花的錢只是一千三日圓，若在商場上，可是幾百萬、幾千萬的金額。

即便如此，還是不能把「過去花了多少錢」當作判斷依據。

這就是「沉沒成本」的概念。

此外，也要留意**「機會損失」**的風險。

機會損失，那是什麼意思？

請回想一下前例中「浪費了兩小時的時間」。

這兩小時，如果你早早離開電影院，說不定可以去做其他更有價值的事。

像是和朋友見面、回家看書，或是去看別部更想看的電影……

像這樣，**「或許能做卻沒做的損失」，就是機會損失。銀行員不會被感情價值左右，自然不會受到沉沒成本影響。而且，他們很留意實質損失的機會損失。**

下次當你打算買東西時，不妨試著想一想沉沒成本和機會損失。

6 總而言之，「外表」占九成

說到銀行員，「土土的西裝」配上「西裝頭」還有「眼鏡」。

通常是這樣的印象對吧！

其實，幾乎沒有銀行員會穿花俏的西裝或領帶，銀行業至今仍以白襯衫居多。

至於髮型，的確是有「銀行員頭」。

在日本，大部分的銀行會在新進員工研習的第一天，強制規定所有人到銀行合作的理髮院，剪成相同的髮型。

所以，銀行員很難給人時髦的印象。

不過，「注重外表」的銀行員其實非常多。

也許各位很難相信，因為髮型和服裝無法隨心所欲，所以他們對鞋子或手錶等配件相當講究。

為什麼銀行員如此注重外表？

那是因為，銀行員知道「外表占九成」的道理。

銀行員從工作中屢屢體驗到，穿戴在身上的物品會使一個人的信用度或印象變得截然不同。

許多經手龐大金額的富豪層客戶或企業經營者，對身上穿戴的物品很講究，也有看人的眼光。

為了不被那些人看扁，銀行員會盡可能花錢打點自己的外表。

他們知道，那些花掉的錢，一定會以客戶的評價或信賴的形式產生回饋。

所以，如果你要去銀行借錢，盡量把自己打扮得體面一點。因為銀行員都會用外表判斷別人。

銀行員百分之百會對別人的外表估價。

請各位牢記這點。

7 「人性本惡」

「看起來老實，卻又好像表裡不一……」

銀行員也常給人這種印象。

事實上，大部分的銀行員確實都表裡不一，也可說是「個性差」。

我想各位在學時都學過，中國儒教思想分為「性善論」與「性惡論」，孟子提倡「性善論」，荀子提倡「性惡論」。

性惡論的主張是，人類的本性是利己的欲望，良善的行為只能靠後天學習。

簡而言之就是，

「人性本惡，對他人要抱持存疑之心。」

其實，銀行員就是這麼想。

之所以會那樣，銀行這個特殊的職場環境影響很大。

銀行這樣的企業進行業務時，基本上是秉持「性惡論」去懷疑他人，這麼說一點也不為過。

有個很好的例子——「隨身物品的檢查」。

這種在國中或高中對學生進行的檢查，在銀行總是以抽查的方式進行。有些銀行甚至設有專門檢查的部門。

「你有沒有帶走公司的文件資料？」

「辦公桌的鑰匙有沒有收好？」

諸如此類，除了檢查包包或置物櫃，就連辦公桌的抽屜也不放過。

一旦發現任何疏失就得寫悔過書，考績也會被扣分。

而且，分行內還有「風紀委員」。

基本上是由年輕行員擔任，他們經常會監視同仁有沒有遵守分行的規定。

換言之，銀行的風氣是：

「不檢查就不會遵守。」

「不監視就不會遵守。」

建立在性惡論之上。

那種風氣清楚展現出「不相信他人的善意」。
身處這種工作環境的銀行員，相信性惡論也是無可厚非的事。

「放任不管，對方就會不遵守約定。」
「再好的人，還沒摸清底細前不能信任。」
「聽起來好康的事，不能全盤相信。」
銀行員都是抱著這樣的想法。

其實，銀行的工作牽扯到龐大的金錢，當中確實有人會失去理性做出不該做的事。那樣的事見多了，銀行員面對任何情報或人，經常會帶著徹底懷疑的眼光。

假如你也聽到什麼好康的事，先靜下心來，用人性本惡的想法，重新思考對方說的話比較妥當。

8 絕不「樹敵」

雖然銀行員認為人性本惡，對人抱持存疑之心，但他們並不會隨便與人對立。面對每個人，即使心中懷疑對方，他們的態度絕不會表現出來。

因為他們知道，**樹立敵人沒任何好處**。就算不相信對方，他們也認為沒必要把對方變成敵人。

這也是受到職場環境很大的影響。

如各位所知，銀行員的調動非常多，一年四次，每季（三個月）就有大幅度的人事異動，此外，每個月也有人事調動。

如此頻繁的異動，完全無法預測會在哪兒和誰共事，有時和現在分行的某人處不來，心想只要忍到調職就可以了，結果調去別的分行，再度成為同事。

同樣的，銀行員也不會對同事說自己人的壞話。

傳聞傳來傳去，不知道何時會在哪兒傳進誰的耳裡，銀行員可不想冒這樣的風險。尤其是關於上司的壞話，這在銀行內是不能說的祕密。

時時提醒自己不要樹敵的銀行員，其實很多人口才都很好，這點也很有趣。因為經常調動，參加歡迎會的次數不少，每次都要和新同事打招呼，久而久之就練出了好口才。

銀行員致詞的慣例是，逐一說出關照自己的上司或前輩的名字，然後不斷的重複感謝，所以每個人的致詞都很長。

聽的人會覺得不耐煩，但輪到自己上台時也是如此。

從這種地方也能看出銀行業的特色。

9 「組織的力量」能用就用

日本銀行的經營，自古以來被稱為「護送船隊方式」。

「護送船隊」指的是，為了保護載有乘客或貨物的船不受外敵襲擊、安全航行，派有武力裝備的船同行警戒，此時會配合速度最慢的船組成船隊進行防守。

後來引申為特定產業中，為使經營力或競爭力差的企業能夠繼續生存，由政府的行政機關保護整個業界，共同發展下去的機制。

第二次世界大戰後，為了日本的經濟發展必須保護金融，在這樣的體制中，銀行得以穩定成長。

在那樣的影響下，產生非常強烈的群聚心理，成為銀行業的特徵。

因此，銀行員比起個人表現，更重視團隊合作。

反過來說，銀行業至今仍非個人主義，而是貫徹整體主義的組織力量。

像是，簽核文件。

如今已是ＩＴ化的時代，越來越多公司改用電子簽核。

但銀行仍然採取文件蓋章傳閱，這種舊式的簽核方式。

這麼做，其實有其用意。

讓上司蓋章，使其負連帶責任，講難聽一點，是強迫對方負責任。說穿了，就是為了規避個人風險。

面對外界，個人也會善用公司的公信力。例如，被客戶逼問審核的進度時，只要說：「目前還卡在上司那兒。」就能避開個人的責任。

思考銀行的業務時，像這樣借用組織的力量非常有效。

但，有時也會覺得不方便，像是採買文具這種只花幾千塊錢的事，也不能自行決定，無法通融也是缺點。

儘管如此，銀行員在組織中反而會隱藏自己的存在，充分活用組織的力量。

如果你是上班族或ＯＬ，請重新仔細檢視公司的福利制度。也許會找到財形儲蓄制度（註）或員工持股會等，活用「組織力量」的有效理財管道。

（註）財形儲蓄制度：「財形」，以促進勞動者財產形成為目的設立的儲蓄制度。

企業與員工約好每個月固定從薪水中提撥一定的金額存到銀行，以累積定存的方式計息。

10 不單是賺錢，社會意義的「表面工夫」很重要

銀行是靠借錢給個人或企業，賺取利息當作營收，所以銀行希望大家多借錢。不過，操控龐大的金錢不能只是「賺錢」，表面上也要做些「有社會意義」的事。那麼做是想讓社會大眾覺得，銀行不是只會借錢，而是有在做有益社會的事。

我還是銀行員的時候，當時所屬的部門每次開會，都會看各分行參與地區服務活動的影片。

而且，以銀行名義進行的環保課題也會做成報告。

如果是地方分行，行員會參加當地的祭典，加深與在地居民的交流，這麼做其實隱含了：

「就算是大銀行，我們也沒忘記各位的支持。所以，我們要為各位服務。」這樣的用意。

此外，分行長等級的人，在某種程度上算是政治人物的角色。他們會以地方名人的身分出席婚喪喜慶的場合，也會參與工會或經濟聯合會、扶輪社等的活動。

行員時常會自我提醒，銀行具有社會責任。

「所以只有外表看起來是好人，其實個性很差。」

就算得到這樣的批評，**即使是做表面工夫，銀行員知道把錢用在社會、他人很重要。**

只顧著自己賺錢，最後還是留不住錢，這點他們比任何人都清楚。所以就算違背心意，就算做得不甘不願，在銀行員的心態還是認為，社會貢獻是有意義的事。

june
july
aug.
sep.
nov.
dec.
jan.
460

Part 3

銀行員「吸金」的10種技巧

培養「生財」行動的習慣需要技巧

本章以上一章所介紹「銀行員的十種心態」為前提，為各位解說銀行員用來讓錢增加的十種「吸金」技巧。

只是學習銀行員的行動，錢完全不會增加。沒有仔細理解那些行動的意義，養成習慣讓自己不自覺去做那些行動，很快就會變回原本的自己，增加的錢也會瞬間消失。

為了避免那樣的情況，必須讓那些行動變成習慣。就像洗臉、刷牙那樣，培養日常生活的習慣需要技巧。

這不是多困難的事，只要練習，任何人都能馬上做到。

那麼，一起來學習「吸金」的十種技巧吧！

1 出色的「情報收集能力」，只有掌控情報的人才會贏得勝利

銀行員都知道，情報是左右交易成功的關鍵。

那是因為，銀行是「情報不斷湧入的場所」。

銀行收下存款戶的錢，同時拿那些錢做其他方面的運用。

有些銀行甚至是一次投資十億以上鉅款的機構投資者。

因此，銀行會收到所有金融機構提出的投資案，獲得各種情報。銀行利用那些情報，得以避開風險，提高收益。

過去曾發生過這樣的事。
那是某棟大型不動產的投標案。
投標是指，各廠商用「最高的標金」競爭標案。
所以，投標價是最高機密。
這個機密只有極少數的關係人知道。

可是，銀行可以知道所有參與競標者的投標價。
因為參與投標的人，為了獲得成功得標的資金，必須先和銀行商討。當然，銀行不會隨便洩露機密，但在**競標結果出來之前，銀行已經知道「誰會得標」，能夠提早進行融資的準備**。
正因為處於優勢，對銀行來說這是輸不得的戰爭。
熟知「情報就是力量」的銀行員，除了為組織收集情報，私下也會努力網羅優

質的情報。

和各位分享我還是銀行員時期真實發生過的事。「抽菸」是銀行員喜歡的事之一，在這個禁菸風潮盛行的時代，喜歡「抽菸」感覺很奇怪對吧？

這是有理由的。

其實銀行也像許多公司一樣，辦公室內禁止吸菸。邊辦公邊吞雲吐霧是不可能會有的事。

因此，才會設置吸菸室。

銀行內的癮君子總是聚在吸菸室，那兒也算是個社交場所，剛入行的新人，或是分行長等級的主管，大夥兒都聚在那兒。

對銀行員來說，「抽菸」不只是因為想抽菸，也包含了在吸菸室這樣的社交場

所收集情報的目的。

說得極端一點，銀行員「就算吸進不想吸的二手菸，也要收集情報」。**那是因為他們知道，直接從別人口中聽來的情報「尚青」，非常有價值。**

為了獲得「尚青ㄟ情報」，必須先得到能夠信賴的人際關係，這就好比家庭主婦之間口耳相傳的情報。

不過，想得到能夠信賴的人際關係沒那麼簡單，還是得靠平日的互動，慢慢培養累積。

假如你得到好康的情報，你會先告訴誰？一定是好麻吉或家人不是嗎？泛泛之交或是根本不熟的人，你不可能告訴他吧！

銀行員很清楚這一點，所以願意花幾分鐘和別人抽菸，盡其所能努力的收集情報。（警語：吸菸有害身體健康！）

2 調查、調查、調查！工作的90%就是調查！

銀行內部在進行融資審查時，會參考「信用資料」，那些資料的數量相當龐大，內容包括過去所有的交易記錄、財務情報、評等情報、與反社會勢力有無往來等。

徹底調查那些資料，製作簽核文件，這是銀行員平日的工作。

為什麼要徹底調查呢？

理由很簡單——防範未然，不想負擔風險。

企業融資是銀行的營業項目。對銀行來說，借出的錢依照預定還完，融資案才算結案。

在漫長的交易期間若有個閃失，發生呆帳是很麻煩的事。

所以要徹底做好風險評估，預估最糟的情況，倘若真的發生那種情況，借出的錢還是收得回來。

因此，借款前也就是實行融資前，徹底的調查不可少。決定借款之前的調查占了融資業務的90％，這麼說也不為過。

這樣的想法也被活用在個人的謀利，銀行員投資前會徹底、慎重的進行調查。**徹底調查、進行投資後，幾乎就放著不管了。因為事前的調查已經投注了90％的心力。**

你聽到可以賺錢的消息時，是否沒經過慎重的調查就輕易嘗試了呢？

「反正大家都在買，就買吧！」、「匯率很不錯，買點外幣存款吧！」等等，你是否也被所謂的趨勢牽著鼻子走？

銀行員絕對不會做那樣的事。

他們不相信別人的判斷基準，在自己能夠接受之前，會進行徹底的調查。

關於投資，他們不會找現下有賺頭、大家搶著買的那種，而是努力尋找今後有長期成長性的商品。

以長期的觀點去思考投資，他們對當日沖銷那種在短期內賺取差額利潤的事，多半興趣缺缺。

銀行員不會投資的代表商品是「股票」與「基金」。

因為股票與基金的申購手續費都很高。

其實股票、基金這兩種商品並不差，只是根據他們的判斷，投資的利潤無法回收手續費的部分。

3 「計算」得比誰都快

銀行員每天都在碰錢，想當然計算能力肯定很強。

而且，原本就是理科出身的人也很多。

我任職於大銀行的時期，所屬單位是專門進行不動產公司或不動產運用公司融資的部門，同事當中有物理學、數學、統計學的博士。

身為融資負責人，我們有三種法寶：「數鈔」、「商用計算機」和「現金流量表」。

數鈔就是點算鈔票。

快速且正確的數完紙鈔。

相信各位應該都看過銀行員數鈔。

鈔。

新人研習時做了徹底的練習，加上每天工作都會用到，銀行員個個都很擅長數鈔。

商用計算機是內建金融函數的計算機，計算利息時可用複利（註）計算，此外，也有進行各種模擬運算時需要的函數。銀行業常用的機型是以電腦、印表機聞名的惠普（HP）所製。

在某種意義上，商用計算機對銀行員來說，是能夠感受身為金融人士身分的物品，許多人很珍惜並長久使用。

商用計算機以前是很昂貴的東西，我買的商用計算機，當時花了約兩萬日圓。不過，如今已是智慧型手機的時代，擁有相同功能的APP只要幾百日圓就

（註）複利：單利是依本金計息；複利則是依每次累加利息及本金去計算下一周期利息。

買得到，這社會變得越來越方便了。

現金流量表是用 EXCEL 製作的收支試算表。討論融資案時，即便現況沒問題，如果利息升高會變成怎樣，為了知道那樣的情況需要現金流量表，使用好幾個變數，進行分析、驗證。

看到這兒，各位或許會想：

「欸欸欸，等一下喔！知道銀行員的三種法寶和吸金技巧有什麼關係啊？」

當然，一般人並不需要這三種法寶。

我想說的是，**銀行員為了讓錢增加會做到這樣的程度**。錢對他們來說是「數字」，同時，也是沒有實體的「記號」。

為了好好認識那個含混不清的東西，只靠大腦思考是不夠的。充分運用五感，用身體記住很重要。

因此，請各位學學銀行員平時做的事。

例如，錢包裡的錢很快就用完的人，試著每天早晚數一數錢包裡的鈔票。思考是否要購買覺得不錯的基金時，不要只靠直覺，使用手機裡的商用計算機APP，試算一下利率有多少。

進行未來的生活規畫時，用EXCEL試作往後人生必要支出的現金流量表。

平時熟悉數字的存在，增強金錢的控管力，並且培養快速計算的技巧，這對讓錢增加是非常重要的事。

4 看懂「決算表」

銀行員在工作中，經常得從決算表解讀情報。

此時很重要的就是財務報表，P／L與B／S。

P／L是損益表，B／S是資產負債表。

「突然扯到財務報表，那東西我又不懂……」

「P／L、B／S聽是聽過啦……」

請放心，因為這是重點，我將為各位個別說明。

首先是P／L、損益表，請參閱後文的圖4。

圖中最重要的是：

收益－費用＝利益

這個部分。

基本上就是加法和減法的運用，沒有各位想像的那麼難。

只是，這兒得到的數字沒什麼意義。

將那個數字用時間序列（註）來看的話，也就是和去年相比，有了比較才會成為做各種判斷的依據。

接著是，B／S、資產負債表（請參閱圖5）。

B／S是用來確認資產背景。

也就是資產與負債、資本（純資產）的平衡關係。

這兒所說的資產指的是什麼呢？舉凡現金、庫存、不動產之類的固定資產皆屬之。

（註）時間序列：用時間排序的一組隨機變數，時間序列的間隔可以是分、秒，或是日、周、月、季、年，甚至更大的時間單位。

（圖4）P／L（損益表）的結構

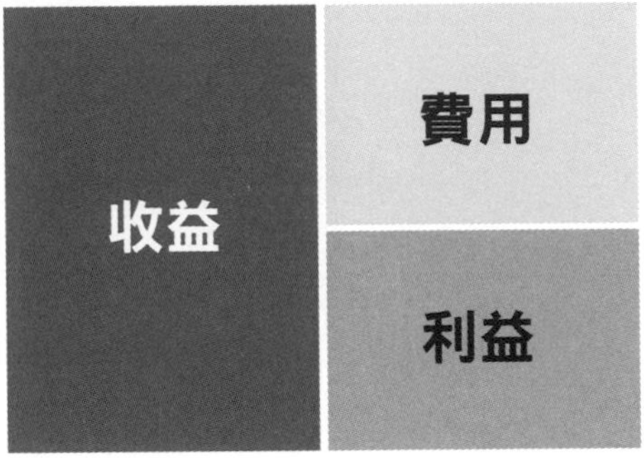

利益＝收益－費用

（圖5）B／S（資產負債表）的結構

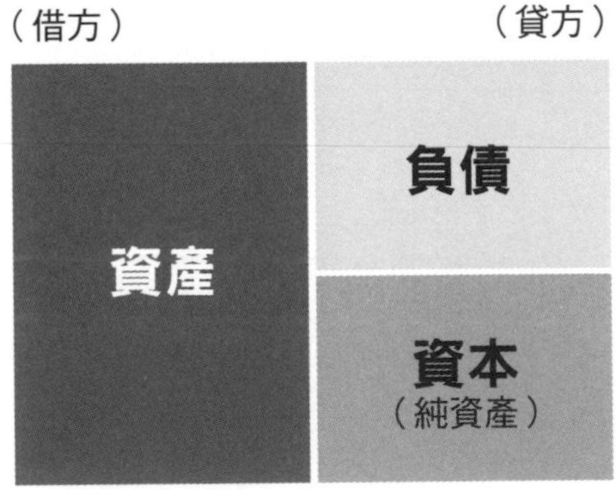

總資產（資本）＝資產－負債

當然，持續獲得利益的企業，只要資產大、負債小，純資產就會變大。

無論是P／L或B／S，重點在於，「讀取當中大概的金錢流向」。

乍看之下似乎很難，其實只要有基本的會計知識，並不會那麼難懂。要讓錢增加，會計知識是必備的常識。世界知名的投資家巴菲特（Warren Buffett）曾說：「你不能只懂會計，而是要理解潛藏在會計行間的細微之處。會計是商場的共通語言，即使不能算是完整的語言，假如不努力學習會計，不努力去理解財務報表，要靠自己的力量買對股票，永遠是一場夢。」

雖然這是巴菲特針對股票投資的發言，但會計知識不只用於股票投資，所有和金錢有關的事都很有效。

所以，銀行員對於自己的資產也會製作P／L及B／S。

製作個人資產的P／L、B／S是生財效果絕佳的方法，請各位務必試一試。

關於做法，第4章會有詳細的說明。

5 無法自我管理的人，無法理財

比起其他企業的上班族，銀行員最顯著的差異是，他們會做徹底的自我管理。**因為他們認為，金錢的管理可以看出一個人的個性，「無法自我管理的人，無法理財」。**

銀行員工作的繁重超乎你我想像。

不像製造商生產「商品」，在某種意義上，銀行員必須讓自己變成「商品」賺取利益。因此，比起其他業界，銀行業總是被「預算」這樣的數字追著跑，背負著業績目標。

而且，大銀行是擁有數萬名員工的大企業，光是同期就有一千多人加入。在這樣的工作環境要想出人頭地，想當然競爭會有多激烈。

同期之中運氣好留下來的人，成為分行長的約莫一成。在那種嚴苛的世界，無法自我管理就無法生存下去。

銀行內部流傳著升不了官的銀行員具備三種條件，分別是：

代謝症候群、

愛賭博、

愛喝酒。

看到這兒，或許有人會感到心頭一驚吧！

我沒有代謝症候群也不賭博，唯有酒這一點戒不掉。

不過，成為分行長等級的人，實際上就我所知，的確沒有人具備這三項條件。

特別是「酒」，許多銀行員都知道喝酒誤事的道理。

學生或年少時期聽過「貪杯惹禍」之類的話，多數人都沒放在心上。但，在銀行員的世界，這是不容許發生的事。
那代表著自我管理的鬆懈，而且銀行員喝酒會讓社會大眾產生不好的觀感。酒後忘記把東西帶走，這完全是扣分的行為。
尤其是忘記帶包包，更是大扣分，所以，同事之間會特別提醒：「今天要去喝酒，別帶包包喔！」
假如非帶不可，絕對不會讓自己忘記帶走。
當你手上運用的錢越來越多，像銀行員這樣，做好周全的自我管理很重要。

6 一定要遵守「約定」，借錢等於是「給予信用」

融資的別名又叫「信貸」。
如字面所示，意思是對借款人「給予信用」。

也就是說，不相信借款人就不會借錢給對方。
反過來說，因為有信賴關係，所以借貸成立。
那麼，怎麼做才能得到銀行員的信任呢？

重點只有一個，那就是「能否遵守約定」。

對銀行員來說，融資業務不只是把錢借出去而已。
借款人開始歸還借款，他們才會覺得自己「做了樁好買賣」。
在借款期間一直有依照最初的計畫還款，這就是遵守約定。
有句諷刺銀行的話是這麼說的：「晴天借傘、雨天收傘。」
可是，在銀行員的心態認為，「那是當然的啊！」
坦白說，銀行本來就不會把錢借給沒錢或錢不夠的人。
對銀行來說，借錢是做生意，當然要把錢借給「能夠還錢」的人。

所以銀行是「在晴天把傘借給已經有傘的人」。

這麼一來，對方一定會把傘歸還。

在銀行員的原則中，「借出去的錢一定要還回來」，這是理所當然的事。

也許是借貸雙方對於融資的認知有很大的落差，為了借錢很努力，還錢時卻變得漫不經心的借款人不在少數。

對金錢借貸漫不經心的人，想讓錢增加恐怕也很難，這點銀行員都知道。

7 任何事都堅持到底，擁有「爬蟲類般的固執」

銀行員也給人認真誠實的印象對吧！

不過，他們其實蠻會記恨的。

那種執拗的程度，好比蛇或蜥蜴之類的爬蟲類等級。

相信性惡論，像爬蟲類一樣固執，這就是銀行員。

該說是進銀行工作的人本來就是那樣的個性，還是進了銀行工作才慢慢變成那樣？無論如何，如果不那樣，無法勝任銀行的工作。

醜聞纏身的政治家打贏選戰後，為了切割政治責任，在公開場合常會說：「我已經洗心革面。」

但，這句話在銀行員的世界行不通。

銀行員不相信這種話！理由很簡單，因為他們認為：

「失去一次信用的人，不值得再相信第二次。」

銀行員的這種想法，在許多公司倒閉的這個時代，也可說是一種求生術。

發生雷曼衝擊後，近來年不少企業紛紛倒閉。

只要被退過一次票，銀行就不會再和那家企業交易，即使對方後來奇蹟似的復活、業績提升，日本的銀行絕對不會再借錢給那家企業。

這點和歐美國家就不一樣。歐美國家的創業投資者很多，大部分的銀行借錢給對方時，不會在意其過去的不良紀錄。

例如，微軟公司的共同創辦人之一比爾．蓋茲，在獲得現在的成功之前，也曾面臨公司倒閉。

當時，他對投資者們說：

「這次失敗只是偶然，下次一定沒問題！」

也許是他的經營者魅力很具說服力，由此可看出東西方文化明顯的差異。

在歐美國家「對於失敗者仍給予機會」，在日本卻是「不會再借錢給失敗者」。難怪日本很少有創業投資，或許就是這種文化造成的。

「失敗過一次就不再給機會」，至少在日本的金融界這已是不成文的規定。

銀行員對於金錢運用的風險就是如此慎重。

想讓錢增加的話，面對金錢時，請學習銀行員那種爬蟲類般的堅持。

8 時間就是「生命」

以下的內容比較偏概念性，全世界唯有一種東西是所有人平均享有，那就是「時間」。

二〇一二年，美國有部科幻片《鐘點戰（In Time）》上映。

簡單說明一下劇情。

不久的將來，人類因為基因改造，活到二十五歲就不再變老。為防止人口過度增加，時間變成貨幣，人們工作賺取時間，所有開銷都用在讓自己活下去的時間。當擁有的時間用盡，生命也跟著畫下句點。富裕的有錢人，也就是時間很多的人，幾乎可以永遠活下去；貧困階層的人，每天都生活在不知道時間何時用完，將要死亡的恐懼中……

「時間就是生命」可說是這部電影的主旨。

如果換成你我的日常生活，會變成怎麼樣呢？

有人每天早上五點起床，有人只要趕得及上班時間就好，或是最後一刻才起床匆忙進公司，每個人對於時間的用法，有著很大的差異。

那些差異會顯現在存款的多寡，或增加幅度的落差。

所以說，時間就是金錢。

基於「時間即生命」的想法，許多銀行員對時間的控管非常嚴格。外出赴約時，為了在約定時間的五分鐘前抵達，他們會先做好準備、出門。

銀行員認為，大家一天都有二十四小時，隨著運用的方式會改變人生的品質。

這兒所說的「人生的品質」是指，變成有錢人或窮人的意思。

思考時間的用法時，必須了解正確的優先順序。該做的事、想做的事、不想做的事、不得不做的事，靠自己判斷決定很重要。想有效運用自己的時間，就要多製造投資的時間。別浪費或消耗你的時間，用來好好投資，這和錢是一樣的道理。

為各位介紹一個優先製造投資時間的重點。

每個人一定都有自己最能集中精神的時段。

除了常聽到的早晨型、夜晚型，還有起床後的幾小時，或是睡前的幾小時，每個人的時段各不相同。

在專注力最高的時段（黃金時段）先做該做的事，例如，傍晚最能集中精神的人，別像平常那樣拖拖拉拉留在公司加班，或是下班途中到處閒晃，應該馬上回家。

這麼一來，就能在那個時段進行該做的事，像是念書或閱讀等。

9 為了獲得金融的知識或證照，別吝惜「自我投資」

銀行員因為工作上要接觸許多金融商品，必須取得多種證照。理財規畫顧問、證券外務員、證券分析師、放款業務專員、地產經紀……等，多到數不清。

每取得一項證照，考績就會加分，幫助自己升官加薪。

在旁人的眼光看來，感覺像是應公司要求，為了取得證照，只好犧牲假日拚命K書，其實他們也沒那麼心不甘情不願。

因為，他們覺得學習那些知識對自己有好處。

那個好處就是「自我投資」。

自我投資的投資效率很好。例如，有閱讀習慣的人比不愛看書的人容易成功。

銀行員對學習充滿熱情，所以他們熟知哪種金融商品**「有利買方」**或**「有利賣**

方」。

當然，那些是因應工作需求的必要金融知識及證照，但他們也會將那些知識及證照活用於自我投資。

因此，他們不會把對買方有利的金融商品介紹給客戶，而是私底下偷偷購買，讓自己的錢變多。

銀行員認為「生財」必須具備那方面的知識與技巧。

獲得知識後，擁有比過去更客觀的判斷基準，行動也會跟著改變。

銀行員都知道，吸收高品質的情報也會改變行動的品質。

10 珍惜生財的源頭——其他業界的一流人脈

銀行員在同業（其他銀行）沒什麼人脈。

就算有認識的場合，也不會積極與對方接觸。

有時會遇到學生時代的朋友或學長姐，剛好也任職於其他銀行，即便如此，彼此都不會提及自家銀行的事。

因此，銀行員很努力建立自己在銀行內的人脈。

了解內部的派系或人際關係、能夠信任的人有哪些，建立可靠的人脈，對於今後業務的進行會發揮非常重要的作用。

其實，比起銀行內的人脈，銀行員有更重視的人脈。

那就是，「其他業界的人脈」。

銀行員相當重視其他業界的人脈。

成為大銀行的行員，從年輕時就會經常接觸其他公司的高層人士或經營者。

這些其他業界的人會分享金融界以外的相關「第一手情報」，而且因為是經營者層級的人，擁有的情報價值極高。

只要有心，好好利用那些情報，也許就能成功與其他公司合作。

一流的人都擁有一流的人脈。

在許多業界擁有一流的人脈，可以有效的運用在工作上。

Part 4

向銀行員學習絕對賺錢的「生財術」

銀行員的「生財」行動分為四個階段

本章將針對核心部分的「生財行動」進行說明。

這個行動分為四個階段：

①準備；

②存錢；

③擬訂生財計畫；

④投資。

接下來為各位依序說明，銀行員根據第２章、第３章的心態與技巧，實踐的「生財行動」。

全部都是銀行員有採取的具體行動。

準備篇

1 消費者信貸的融資、分期付款要馬上還

銀行員每天都在處理金錢的借貸，接觸過的借款人不計其數。

不管手邊的錢多或少，即便是有錢人，因為鉅額的借款走投無路的人其實不少。有人為了還錢拚命工作，也有人為了還錢又去借錢，在那樣的惡性循環下自毀人生。

借款分為「良性」及「惡性」，銀行員絕對不會使用惡性借款的融資、分期貸款、

信用卡般有循環利息的分期付款。

因為他們知道，為了買想要的東西借錢、被感情價值左右，或是為了「虛榮心」借錢都是「惡性借款」。

那麼，什麼是「良性借款」呢？

「借錢哪有分什麼良性、惡性？」

應該很多人都這麼想。

不少人認為借錢本來就不是好事，

可是，「良性借款」確實是存在的。

「良性借款」是指，為了得到還款利息以上的回饋而借的錢。

後文將為各位仔細說明，具體的「良性借款」方法。

因為消費者信貸有融資或借錢的人，請先專注在歸還惡性借款這件事上。若手邊有未還完的惡性借款，絕對無法讓錢增加。

2 丟掉手邊所有的集點卡

現在各式各樣的店家都有集點卡，但銀行員一張都不會辦。因為，**他們知道集點卡最大的受益者，不是消費者而是店家。**

近來受到通膨的影響，供過於求的市場充斥著「俗擱大碗」的東西，現代的日本面臨「東西賣不好」、「很難賣」的狀況。

這個問題使零售業煩惱了很長一段時間。

後來，出現了一個解決方法，就是「集點卡」。

集點卡除了能獲得顧客的個資，打著「來店消費、儲存點數就有好康喔！」的誘因，又能招攬顧客。

如今，各家企業「想賣東西或服務」時，幾乎都把希望寄託在集點卡。

當然，集點卡對消費者也有好處。儲存的點數可以享有折扣，而且各店家也經常舉辦集點卡優惠特賣之類的活動，確實給人很划算的感覺。

「現在趕快辦，今天買的東西就能儲存點數。」

結帳時一被推銷就馬上辦，於是錢包裡塞滿集點卡，這樣的人應該很多。

不過，請等一等！稍微冷靜想一想。

集點卡只能在那家店使用，就算不只一家，能用的店還是有限。

為了儲存點數，必須到那家店消費才行。

這麼一來，買東西就失去了選擇的自由，不是嗎？

購買真正需要的東西、儲存點數，那倒無妨。

可是，多數的情況都不是這樣。

例如：

「再兩百塊，點數就會增加，再買點什麼吧！」

「今天是點數三倍日，多買一點比較划算！」

「雖然有點繞路，還是去可以用點數的店吧！」

「既然都來到附近了，順便去買點東西好了……」

通常會變成這樣。

完全就是第2章提過的「機會損失」。各位還有印象嗎？

這兒所說的機會損失是指，**行動被集點卡控制住，無法做其他選擇的損失**。

銀行員會徹底排除這種無形中產生花費的「機會損失」，因此，他們不會辦極有可能造成機會損失的集點卡。

其實一點都不難。

如果被問到：「您要不要辦集點卡？」只要笑著回答：「不用，謝謝！」就好了。

現在，請打開錢包，只留下真的是每天常會用到的卡，其他的全部丟進垃圾桶。

「可是已經存了不少點數……」

這種想法是「沉沒成本」，第2章也有提過對吧！

「累積到現在的點數」這個沉沒成本，不能當作判斷依據！請別忘了這點。

3 只留一張信用卡，其餘的統統剪掉

基本上，銀行員不會辦信用卡。

對他們而言，信用卡是商品之一。

也就是說，信用卡的定義是「推銷給顧客的商品」。

顧客辦了信用卡，

「就算沒帶現金，刷卡也能購物，所以消費額度會增加。」

「高利息的融資使用額度也會增加。」

所以對信用卡公司來說，這是「好處多多」的商品。

因此，即便要付高額的介紹費，信用卡公司仍會委託銀行幫忙推銷。

對銀行來說，信用卡零風險又能賺手續費，是「有賺頭」的金融商品之一。

可是，有信用卡真的很方便。

銀行員為什麼不辦呢？

理由就在於便利性。

他們注意到，方便的背後隱藏著「陷阱」。

而且，還是三個。

①不清楚每個月究竟花了多少錢？

刷卡消費，錢包的錢不會減少。

卡費到了下個月才支付。

於是，買東西經常買到刷卡上限額度。收到帳單後，付不出卡費只好借錢……

像這樣陷入惡性循環。

②每筆刷卡的消費記錄會被資料化，儲存為情報。

何時、在哪裡、買了什麼？花了多少錢？

在哪家店吃了什麼？

掌握許多情報的信用卡公司，會根據這些情報展開促銷活動。

經常外食的人，會收到新開幕的餐廳宣傳。

在百貨公司買化妝品的人，會收到彩妝展示會的ＤＭ。

買過葡萄酒的人，會收到薄酒萊新酒的預購通知。

你的行動被企業做了市調，所以會收到各種有吸引力的邀請函ＤＭ或簡訊、電話。看到那些內容，讓你忍不住一買再買，形成一連串的消費。

買的是真正想要或需要的東西倒還好，被ＤＭ吸引而衝動購物的話，完全是被信用卡公司牽著鼻子走。

想存錢、想讓錢變多的人，絕對要避免這樣的消費行為。

③不自覺的借款

借錢不是件小事，請各位務必謹慎以待。

信用卡的借款利息，和消費者信貸一樣都很高。到超商或ＡＴＭ就能借到錢，很多人會利用這種方式預借現金，但千萬別忘記，這是「高利息的借款」。

「就算借十萬，每個月只要還一萬就可以……」

別被這樣的話給騙了。

帳單分期通常要付手續費，利息也很高，就算每個月還款，減少的只有利息的部分。

還完總額之前，必須經歷很長一段時間的還款。

雖稱不上是萬惡的根源，不過信用卡真的很危險。

所以，只留一張常用的卡就好，其他的統統剪掉吧！只留一張信用卡，點數也能集中儲存，花了多少錢，每個月只要一張明細就能管理。

「每家百貨公司都有不同的折扣，沒卡就不能享受優惠。」

也許有人會這麼想，可是比起有卡的風險，這點好處算不上什麼。

看到這兒，各位有何想法？

是不是能夠認同銀行員不辦信用卡的理由了？

4 使用「三個錢包」

關於錢包的傳聞很多。

我想各位應該也覺得，錢包具有某種力量。

「鈔票不能摺，所以要用長皮夾。」

「黃色錢包會招財。」

「鈔票要朝相同的方向擺，上下顛倒放，錢不容易花掉。」

諸如此類的傳聞，各位至少聽過一個吧！

但，這類的迷信，銀行員一概不信。

那麼，銀行員是用怎樣的錢包呢？

總共有三個：

「紙鈔用」、

「零錢用」、

「收據、發票用」。

他們用這三個錢包理財。

「用三個？太麻煩了吧！」

也許你會這麼想，不過他們這麼做是有道理的。

前文中有提到，少了一塊錢在銀行裡是相當嚴重的事，大家會翻箱倒櫃就連垃圾桶也不放過，仔細尋找。

反之，多出一塊錢也是大事，為了查明那一塊錢是哪兒來的，必須確認所有的交易記錄，找出原因。

身處那樣的職場，哪怕只是零錢，把自己的錢擺在辦公桌上，或是放進口袋走在辦公室裡都非常危險。

假如讓自己的錢和銀行的錢混在一起，考績會被大扣分，甚至得寫悔過書。

在那種工作環境中，為了避免不必要的麻煩，除了鈔票，就連零錢也要仔細收好，這已成為銀行員的習慣。

把錢收好，經常確認錢包裡的金額，鈔票和零錢分開放比較方便。

至於收據、發票用的錢包，任何款式都可以。

主要目的是用來保管收據和發票。

因為要和錢包一起隨身攜帶，把用過的舊錢包或卡片夾（裡面已經沒有卡片）

重新拿來用也無妨。

每次付錢時就確認一下：

「已經用了幾張鈔票？（還剩幾張？）」

「用了多少零錢？（還剩多少？）」

然後，

「把發票收好，當天做記錄。」

如此一來，三個錢包隨時都能處於整齊的狀態，進而達到支出的控管。

錢包裡掏出的錢有三種用途：「投資」、「消費」、「浪費」。

浪費就是亂花錢，不如轉為投資。

儘管消費是購買生活必需品，還是努力一下，拿一些去做投資。

為了實踐這樣的控管，請開始使用三個錢包。

5 每天查看存摺

「每天！有必要那麼誇張嗎？」

或許有人會這麼想。但，這是控管金錢的重點之一。

銀行員因為工作的關係，刷存摺很方便，每天早上進銀行馬上刷存摺，確認餘額的人非常多。

有些人甚至會說：「我超愛存摺！」而且還不少。

如今，網路銀行相當普及。

使用起來也不難，只要上網就能每天確認收支及餘額記錄。

這種「做記錄」的習慣是很棒的存錢祕訣。

幾年前引發大流行的記錄減重法，《別為多出來的體重抓狂—絕不復胖！筆記瘦身法》的作者岡田斗司夫，靠著這個方法成功減掉五十公斤。

「每天記錄體重」是記錄減重法不可或缺的事。

換句話說，這是一種只要每天記錄就能減重的瘦身方法。

同樣的，想達成某種數字的目標時，「做記錄」很重要。

例如，馬拉松跑者每天記錄跑了多少距離或心跳數，再將那些數據活用在讓自己跑得更快的戰略上。數字會激勵人心，也會帶來新發現。

存錢也是如此。

開始存錢後，哪怕只增加一點點，也會覺得很開心。

開始變瘦的人會期許自己「我要變得更瘦」，並且把那樣的期望轉化為行動。

錢也是這樣，開始變多就想增加更多，使日常生活的行動往「生財」的方向改變。而且，每天查看存摺就會知道用了多少錢，應該省多少錢，有具體的數字概念。

還能發現自己每周、每月、每年的用錢模式。

「每到星期五就會花很多錢。」

「月底的聚餐花費很大。」

「比起其他月份，十二月花的錢多了將近一倍。」

從存摺中了解諸如此類的事。

所以，請各位試著開始每天查看存摺。

存錢篇

1 創造「金流」，幫助自己輕鬆存錢

「來存錢吧！」即便有這樣的想法，要持之以恆並不容易。

減重也是如此，老是說「從明天開始」，如果沒什麼成果就會想「還是算了」，

萌生放棄的念頭。

我要存很多錢，突然間立下太高的目標，很快就會遭遇瓶頸，這和減重一樣。減重時經常遇到的「復胖」如果出現在存錢的情況，這可就糟了。

所以，**剛開始還是一點一點慢慢存，別勉強自己**。

想要輕鬆存錢，創造自動存錢的金流很重要。

舉個常用的例子，用水桶裝水時，如果水桶有洞，就算水龍頭一直有水流出來，水桶裡的水永遠也裝不滿。

換作存錢的情況，水龍頭的水是收入，水桶的洞是花費（支出），就算收入增加，支出很多還是存不了錢。

假如「花錢如流水」，不管過了多久，錢絕對不會增加。

以下是銀行員實際擬訂的「存錢計畫」。內容是：

①一有收入，先將固定的金額轉到別的銀行帳戶；
②不動用那個帳戶的錢，逐漸累積存款；
③存到一定程度的金額，再用那筆錢作為獲得新收入的資金。

其中「一有收入，先將固定的金額轉到別的銀行帳戶」，這點很重要。後文會有詳細的說明。

2 擁有「三個銀行帳戶」

「我存不了錢」，常有人為了這樣的問題來找我諮詢，我問對方有幾個帳戶，各自的目的是什麼，大部分的人都答不出來。

在相同的銀行有好幾本存摺的人倒是不少。

你是否也這樣？

銀行員不會隨便開沒必要的帳戶。

他們只會依照目的開三個帳戶。

分別是：

①薪資帳戶；

②付款帳戶；

③儲蓄帳戶。

是的，只有這三個。

這兒的重點在於，薪資帳戶與付款帳戶要分開。

基本上，銀行員不但會把這兩個帳戶分開，甚至連開戶的銀行都不一樣。

因為如果都在同一家銀行，一切的收支會被任職的銀行掌握。銀行員以外的人，不必連銀行都分開，但帳戶還是分開比較好。

銀行員會用這三個帳戶創造「金流」。

首先，當每個月的薪水匯入薪資帳戶，「當天」就會把固定的金額轉到儲蓄帳戶。

「自動存錢的計畫」中，最重要就是創造「金流」。市面上關於省錢術的書，也經常用河川或浴缸的比喻來說明金流。

把金流比喻為河川，上流的水越多，河川就會變得大。

不過，就算河川變大，流掉的水量越多，河裡的水還是留不住。

反之，如果上流的水很少，流掉的水量也多，河川就會乾涸。

所以，想留住河裡的水，另外製造水流很重要。

存錢也是如此，將獲得的收入一部分「立刻」轉為儲蓄是重點。因此，需要分**立帳戶做管理**。

儲蓄帳戶其實不需要另外開戶，用財形儲蓄（註）也可以。財形的利息多半比普通存款來得好，請務必多多活用。

許多銀行員把存錢當興趣，除了把錢存在儲蓄帳戶，有些人還會使用從薪水提撥的**財形預備金**等。

我還是銀行員的時候，遇過這樣的事。

某位女性行員入行後，一直將近六成的薪水轉作**財形預備金**與存款。她和父母

（註）財形儲蓄：財形＝「財產形成」。為促進勞動階級存錢購屋，公司每月從員工薪水直接扣掉一定比率的錢存進銀行，或是在資金市場投資。在日本，中大型的公司都採取「財形儲蓄」制度，幫員工存買房子的費用，或是存到退休後做養老金的補助。

同住且通勤，所以不太需要花生活費。

後來她結了婚，為了生產向銀行請產假，但產假結束後她沒有再請育嬰假，隨即回到銀行上班。

因為多數的女性行員都會盡量請久一點的育嬰假，我好奇的問她為何不請育嬰假。她說，休產假時的薪水還可以繼續存錢，休育嬰假的薪水就沒辦法了。

她的回答令我無言以對。不過，那位女性行員竟然存了三千萬以上的存款，真是太驚人了！

至於自營業者或是想更有效率建立資產的人，請參考後面介紹的海外帳戶。

3 將「收入的10％以上」轉作儲蓄

有收入，先儲蓄。

如果可以，最好設定成每個月自動轉帳。

自己去銀行提款再轉存，每個月都這樣會很累，假如有其他的事要處理，或是工作忙走不開，就會覺得很麻煩，於是半途而廢。

有些銀行可以自動轉帳，若是網路銀行，設定起來更方便。

儲蓄的最低金額設定為收入的10％。

假設薪水是三十萬日圓，撥出三萬以上轉作儲蓄。

起初幹勁十足，常會想要存多一點，但金額過高反而會讓自己吃不消，導致失敗的結果。

所以，請從10％開始就好。

「這樣應該ＯＫ吧？」用那樣的金額，持之以恆存下去是成功的訣竅。

4 房、車方面的固定開銷，控制在收入的40％以下

有了收入，先將10％轉作儲蓄。

接下來，沿用前文的例子做說明。

從收入的三十萬日圓撥出三萬存起來，還剩下二十七萬。

那麼，接下來要做什麼呢？

把固定開銷所需的金額，轉入支出用帳戶。

每月的固定開銷是指，住宅費（房租或房貸）、水電費，如果有買車，就是油錢、停車費等固定支出的花費。

這些開銷每個月幾乎都是差不多的金額（比較常開空調的時期，電費會變得比較多）。

將收入的40%訂為上限，轉入這個帳戶。

如果薪水是三十萬，存入的金額是十二萬。也就是說，為了把固定開銷控制在這個範圍內，必須保持房租或停車費等費用的平衡。固定開銷的變動少，就沒有能夠省錢的空間。因此，剛開始的階段請注意不要超過40%。

銀行員都確實遵守這項鐵則，不會在住宅費上花太多錢。當然，那也是因為他們可以住銀行提供的員工住宅，不過就算要購屋，他們也不會選擇流行的高價物件，多半是購買價格合理、位處市郊的房子，或是蓋與父母同住的獨棟屋。

車子也像前面所述，比起國外的高級車，他們更偏愛國產車。

5 重新檢視保險公司的「保險」

「銀行員的薪水高，應該也是買高額的壽險吧！」

應該很多人都這麼想，其實，大部分的銀行員只有加入「國民共濟」（註）或定期壽險。

銀行員同樣身處金融界，所以很清楚壽險公司有多賺錢。各位試著想一想，那些壽險公司的辦公室都位於菁華地段的大樓，辦公樓層也都裝潢得很華麗。

而且，壽險公司也是出了名的高薪，由此可知他們真的賺很大。銀行員心想：

「這就表示，壽險公司推銷的商品，其實是讓他們賺大錢的工具！」

這樣的發想等同於基金的販售或信用卡的推銷，於是他們很快就察覺到這點。

（註）國民共濟：日本的公共年金制度包括自營業者與無職者在內，所有國民都加入國民年金制度，享受基礎年金。公共年金分為國民年金、厚生年金和共濟年金。

因此，許多銀行員不會買壽險公司推銷的保險，特別是儲蓄險。他們認為，保險買最基本型的就可以了。

以下三項，使銀行員覺得「只要有這些就沒問題了」。

①團體信用保險

投保人在還房貸的過程中發生死亡或重大傷殘，保險公司會代替投保人支付餘額。只要有買這個，就算有個萬一，至少能留給家人住的地方。所以，不必買鉅額的壽險。

②遺屬基礎年金

戶長死亡的話，給付給遺屬的公共年金制度。相較於其他國家，日本在這方面做得很周全，因為有這個制度，所以更不需要買壽險。

③高額療養費制度

接受醫療費一百萬日圓的治療，一般所得的人每個月只要負擔九萬左右即可的制度。有了這個，就不需要加入高額的醫療保險。

最終的結論就是，**沒必要買儲蓄險**。

也沒必要買學資保險（註）（類似臺灣的子女教育險）、養老年金。在這個存款利息低的時代，保險的利息也很低，儘管比銀行定存好一些，但保險有期間的限制。

中途解約會虧損，保險有這樣的風險。

（註）學資保險：一種儲蓄家長每個月繳納一定金額的保險金，等到孩子升學時可以一次領取數十萬至上百萬日圓的保險金作為升學費用。

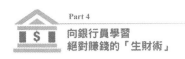

因此，目的或使用時期不明確的保險，建議各位還是別買。

唯一的好處是，年終調整（註）或申報所得稅時，有助於節稅。

關於壽險，如今也有各種類型。

以前常見的類型是，買保險後不管幾歲死亡，都能獲得固定金額的理賠金。

可是，現在越來越多人會想：「遺屬需要用錢是因為戶長年輕過世，孩子還小。等到孩子長大就不需要那麼多錢了。」

因此，變成了隨著年齡增長，理賠金額減少的類型，這種商品的保費總額也會比較少。

總之，不要因為保險公司的幾句話就隨便買保險，請仔細調查，好好思考是否

（註）年終調整：根據日本所得稅法規定，上班族或公務員等的薪資所得稅，原則上在十二月的發薪日會重新計算是否有超收或不足，進行調整。

真的有需要。

6 精算支出

假設收入是三十萬日圓，撥出三萬做儲蓄，十二萬是固定開銷，還剩下十五萬，約莫收入的一半。

這筆錢可以用作生活費或娛樂消遣、自我投資的必要費用。

生活費是指伙食費、治裝費等日常生活的開銷。

不同於固定開銷，某種程度上這可以自行控制，請各位記得要節省。

話雖如此，也不要省過頭。

為了紓解平日的壓力，偶爾還是需要花點錢。

此外，有興趣的書、研習會或讀書會等，用於自我投資的錢，為了今後著想最好優先使用。

必須留意的是優先順序。盡可能排除無謂的花費，經常提醒自己把錢用在真正有需要的事。

花錢時想一想，把收入的40％左右用在這個部分。等於是十五萬中的十二萬。

那麼，剩下的三萬要怎麼用？

把那筆錢當作紅白包或發生意外事故時的備用金。

保留餘力也很重要。如果什麼事都沒發生，這10％的三萬就繼續保留。

存錢計畫至此已經完成。

生財計畫篇

1 開設海外帳戶，當作儲蓄帳戶

前文中說明儲蓄帳戶時曾提到，想要有效率建立資產的人，可以使用「海外帳戶（Off Shore）」。

「海外是指？」

「海外帳戶是怎麼樣的帳戶？」

第一次聽到這個名詞的人應該不少。

首先，為各位說明一下海外帳戶。

「Off」（離開）加上「Shore（岸）」，也就是「海上」，衍伸為海外的意思。

所謂的「海外帳戶」，廣義是指在海外銀行開設的帳戶，特別是在稱為「避稅天堂（Tax Heaven）」、享有稅制優惠的「離岸金融中心」開設的銀行帳戶。

例如，巴哈馬、開曼群島或英屬維京群島，這些名稱各位應該有聽過吧！

此外，雖不到無稅的程度，但與日本相比，稅率頗低的香港或新加坡的帳戶也算是一種海外帳戶。像是ＨＳＢＣ（滙豐銀行）、花旗銀行（Citibank）、渣打銀行（Standard Chartered Bank）等，在日本皆廣為人知。

對於今後要開設海外帳戶的人，我的推薦是網路銀行使用便利的ＨＳＢＣ。在ＨＳＢＣ開戶的方法，許多書籍或網站都有介紹，就算是第一次開戶的人，也很容易獲得大略的情報（請參閱圖６）。

海外帳戶最大的好處是，可以買到在日本無法購買的海外金融商品。

日本許多金融商品的手續費頗高，而且風險高於好處。但海外的金融商品，很多都是高利息。

當然，海外帳戶也有缺點。

那就是，配合帳戶餘額收取的管理手續費。

大部分的銀行只要餘額超過規定金額就不收手續費，但餘額減少、低於規定金額時，為了維持帳戶的運作，會被收取手續費。

像是ＨＳＢＣ就分為三種等級。

（圖 6）HSBC（滙豐銀行）‧帳戶種類

	明智理財 Smart Vantage	運籌理財 Advance	卓越理財 Premier
帳戶平均結餘	10,000 港幣	200,000 港幣	1,000,000 港幣
帳戶維持手續費（未達帳戶平均結餘）	60 港幣	120 港幣	380 港幣
帳戶特徵	存款、投資等	存款、投資、理財顧問等	存款、投資、信用卡、專屬的理財顧問等
帳戶種類	普通．活期．定期		
網路銀行（線上理財）	可		
電話銀行（電話理財）	時段限制 日本時間　一～五　10 點～ 20 點		24 小時
外幣	澳幣、加拿大幣、美金、日圓、歐元、紐幣、英鎊、新加坡幣、泰銖、瑞士法郎		
支票	可開立		
銀行服務			團體帳戶之間的匯款不收手續費
投資服務		可利用 Fund Max 服務	可投資數種組合的金融商品（結構性投資）
信用卡	需年費	免年費	免年費 遺失時，免費再發卡

參考資料：HSBC 日本網頁

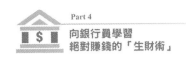

若是最低等級，帳戶餘額只要維持十五萬日圓就不必付維持費。不過，這個等級可享受的服務也有限。

往上升一等級，結餘的規定金額變成約三百萬日圓，可享受的服務範圍也跟著擴大。

近來在日本，開設海外帳戶很受歡迎，坊間也經常舉辦開設講座。

雖然推薦各位使用海外帳戶，但請別忘記，這種帳戶有運行成本（維持費），在沒有明確的目的下開戶且未實際活用的話，只是徒增開銷。

海外帳戶久未使用會被凍結為靜止戶。因為是設在海外，解除凍結有一定的程序，除了得用英語溝通，有時還得親赴當地才能解除凍結。

2 整理手上現有的金融商品

目前手上的資產中，如果有繼續保留也不會生財的品項，請盡快整理掉。

首先是定存，若無特定目的，像是使用時期等，重新思考是否還有必要保留。

接著是基金，將基金報酬高的商品解約（提醒各位，「別去在意沉沒成本」）。另外，像是沒必要的金融商品也都全部變現。

然後，進行資產的變更。

變現後的錢，一半轉入「存錢篇」介紹過的三個帳戶中的薪資帳戶，剩下的一半存入儲蓄帳戶。

薪資帳戶裡有占每個月收入10％，因應「意外事故」或「紅白包」剩下的備用金，再加上變現的錢。

把在這個帳戶存兩年左右的薪水設為理想目標，存到那樣的金額，就算突然因為景氣差被裁員也比較能安心。

不過，兩年左右的薪水是頗大的金額，要花一段時間才存得到。就算存不到，以那個金額為目標來存錢，保持這樣的心態很重要。

存入儲蓄帳戶的那一半現金，加上之前的存款，如果累積成一筆不小的錢，那就可以開始進行「低風險的生財」投資囉！

具體的投資方法，後面會有詳細說明。

3 製作自己的P／L與B／S

前面提過，銀行員為了個人的資產管理，會自製P／L與B／S，接下來為各位說明具體的做法和要點。

①簡單記錄家計，製作個人的P／L

在「擁有三個錢包」的部分曾提到，每天收進「收據發票用」錢包的發票單據要當天整理。如果覺得用寫的很麻煩，只貼發票或收據也可以。

到了月底，進行統整。

請準備整理好的發票單據，以及完成補登的存摺。

不需要記錄得太詳細。

大致上分為四個項目，寫出各項目的使用比率。

- **固定開銷（目標：約莫收入的40％以內）**
- **精算支出（目標：約莫收入的40％以內）**
- **儲蓄（目標：收入的10％）**
- **不時之需的支出用存款（目標：約莫收入的10％）**

請仔細確認是否有控制在目標範圍內。

②月底時，製作個人的Ｂ／Ｓ

- **有哪些資產？**

存款、金融資產、股票、國債、不動產、其他的權利金收入（專利或版稅等）。

當中有多少負債？

房貸、車貸、融資等負債、信用卡等未繳費用、借款。

・**純資產＝資產－負債**

現在，大概剩下多少？

做完B／S後，許多人會發現「咦？我的純資產原來那麼少……」這是很重要的發現。

發現到這件事，為了增加純資產，每天的行動就會改變。

開始控制過去的收支比例，創造一定的「金流」。

就算那個金流不多也沒關係重點在於，持續創造「金流」。（請參閱圖7）

（圖7）P／L到B／S的金流

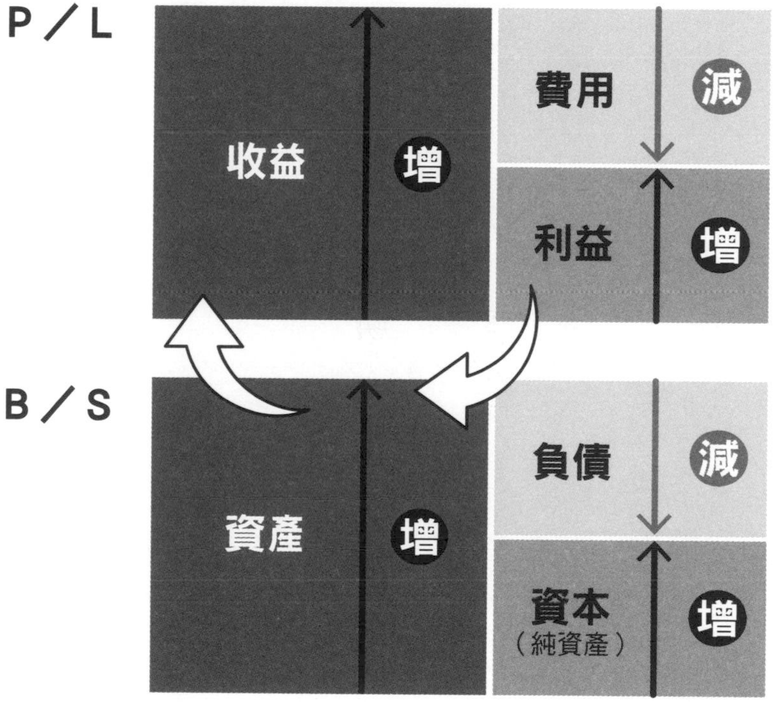
P／L
收益
增
費用
減
利益
增
B／S
資產
增
負債
減
資本
（純資產）
增

這麼一來，那些錢會變成Ｂ／Ｓ的資產，累積至一定的金額後，資產又會再生財。

到了這個階段，成功已經近在眼前。

用Ｐ／Ｌ創造確實存錢的金流，使資產不斷朝增加的方向發展，負債也慢慢減少。

4 思考自己的人生規畫

在此，重新請教各位：

「你為什麼想讓錢增加？」

比起「讓錢增加的理由」，徹底的自我認識更重要。

也就是說，你想要過怎樣的人生？

如果只是因為「擔心老年生活……」，這樣的目的太籠統。

究竟要有多少錢才能安心，無論何時內心的不安都不會消失。所以，請訂下具體的目標。

有個常聽到的成功法則是這麼說的，「寫下具體的目標就會實現。」

大腦對於明確的意象，不會去判斷那是想像或現實，而是自動展開依循意象的行動。

還會不斷吸收符合目標的情報。

設定目標的重點是，盡可能從接近現實的數值開始。

前面舉例的減重就是如此，突然間決定「我要減掉十公斤！」這並不容易做到。達成目的，需要動機。

人類的大腦有這樣的法則：

「逃避痛苦，追求快樂。」

簡而言之，人都想做快樂的事，不想做辛苦的事。
好好利用這點，製造達成目標的動機。
此時有三個要點：

①達成那個目標，令自己獲得快樂：
保有達成目標後的良好想像很重要。

②達成那個目標，現在的痛苦（辛苦）會消失：
設定的目標必須能消除現在的自卑感或不安。

③達成的目標可以檢測（有數值或單位）：
用數字、期限使目標明確化。

以減重來說，大概是三個月瘦三公斤這樣的程度。

女性常說：「我要變瘦、變漂亮！」坦白說，這樣的目標，達成的機率很低。

因為「變瘦」和「變漂亮」無關，變漂亮這件事也無法數值化，結果變成不明確的目標。

設定目標時，請利用那三個要點。

然後，擬訂達成目標的計畫。

多數人訂完目標就會感到滿足、疏於計畫，但沒有計畫不可能達成目標！

計畫的關鍵字是：

「何時之前」

「變成怎樣的狀態」

幾年後，想獲得多少財產？

那些財產是現金、金融資產，或是不動產？

在短期的計畫中導入小目標。

重點在於，將目標分為簡單輕鬆的事。

例如，現在沒有存款，六十歲之前想存一億日圓。

「嗯！來存個一億吧！」

即使立下目標，這樣的天文數字很難與日常生活的行動產生連結。

因此，

「剛開始的第一年，每個月存三萬。」

像這樣，設定現在的自己能夠簡單達成的目標。

如此一來，一年後就能存到三十六萬，三年後就超過一百萬。

存到一百萬之後，用那筆錢做投資，在兩年內增加至一百二十萬。

再加上兩年來的存款，總額約莫二百萬。

用二百萬當頭期款，申辦房貸、購買套房。

當起房東，每個月的收入就……

請各位像這樣，設定能夠實現的數字，逐一達成目標，往上邁進。

生財投資法篇

1 銀行員式「財產三分法」

接下來，為各位仔細說明關於投資的方法。

投資的方法很多，各有各的優缺點。首先，必須好好了解那些優缺點。

儘管已經提過很多次，但，銀行員真的很討厭風險。
因此，投資時他們偏愛能夠避開風險的投資方法。
針對單一品項集中投資，風險過高。

可是，分散投資也不表示沒有風險。
關於分散投資的陷阱，在第 1 章已經做過說明。

「不能集中投資，也不能分散投資，到底要怎麼做才好？」
各位心裡應該有這樣的疑問吧！那麼，我要開始說明了。

說到分散投資的方法，最有名的就是「財產三分法」。

財產三分法是一種投資組合理論，意思是用自己持有的財產投資（或保有）三種性質不同的資產。

一般是指分散投資「現金」、「土地」、「股票」這三種資產的投資方法。

不過，分散投資除了資產的分散，還有其他的「分散」，像是

- **時間的分散**
- **種類的分散**

等等。

資產的分散投資遇到像雷曼衝擊那樣的狀況，無法得到分散的效果，但時間的分散是有效的方法。

此外，**投資時的資金運用，不要一次用光全額，保留些許餘力，這是重點。**

將所有財產拿去投資，一旦發生意外，不只讓自己走投無路，也會失去翻身的

機會。

為了東山再起，必須為自己留一些本金。

緊接著，重頭戲來囉！

以下是銀行員實際進行的分散投資方法。

就叫做**「銀行員式財產三分法」**（請參閱圖8）。

「現金」

「不動產」

「海外投資」

分為這三種。

「蛤？就這樣？」

（圖8）銀行員式財產三分法

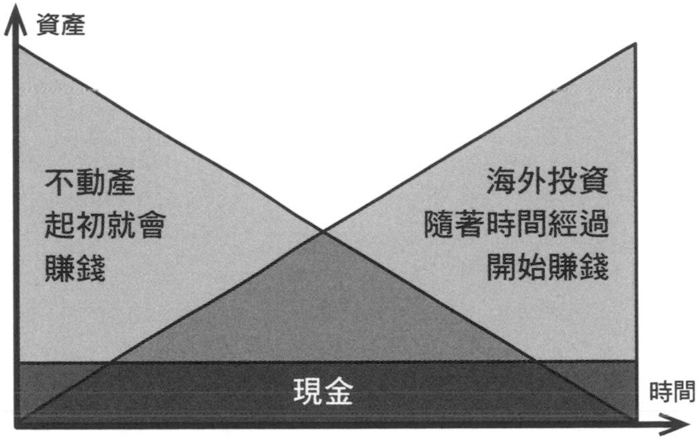

投資時間特性各不相同的三種資產，增加整體的資產。

「不就是把財產三分法的股票換成海外投資而已？」

也許你會這麼想。

的確，投資的項目沒什麼特別。

可是，「分散時間做投資」是很創新的方法。

這三種投資項目，各有與眾不同的特徵。

「不動產」是創造金流的資產。

而且，使用所謂的財務槓桿（以固定成本提高投資報酬）就能購買高於自己持有資金的商品。例如付頭期款、辦房貸，就是這個意思。

然後，靠著租賃不動產賺進租金收入。

當然，難免會有空房閒置的風險，或是房屋老舊的修繕費、租金收入的減少，不可能一直賺錢。

購買後馬上就能賺進金流的是不動產，請各位理解這一點。

「海外投資」是展現相反的變化。

海外的投信基金會因為複利效果，使錢不斷增加，但效果的出現頗費時。必須等上一段時間。

海外投資是之後才會賺進金流，請各位記住這一點。

「現金」要隨時保持一定的額度，為投資或不時之需保留餘力。

前面已提過，保留餘力是必要之事。

組合這三種資產，就能創造穩定的金流。

2 你知道「平均成本法」嗎？

分散投資的概念中，最重要的是**時間的分散**。

隨時正確掌握投資商品何時最便宜或最貴，幾乎是不可能的事。

因此可以考慮「定期購買」。

分散時間做投資的方法中，有個叫做**「平均成本法」**（請參閱圖9）。

「平均成本法是什麼？」

從基礎開始說明。

平均成本法（Dollar Cost Averaging）又名「定期定額投資法」，是股票或基金等金融商品的投資手法之一。

不是一次投入所有資金購買商品，而是分期、定額做持續性的投資。

例如，用預定資金投資時，不一次用完全額，而是分成十二期，每到月底就投入資金的十二分之一，花一整年用完全額。

（圖9）平均成本法

〔平均成本法的概念〕

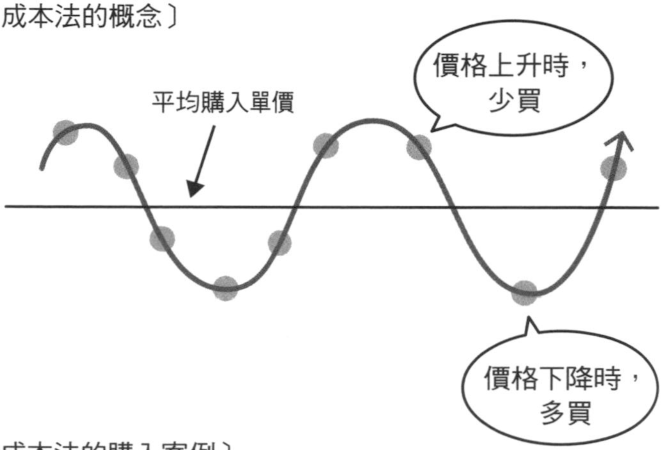

〔平均成本法的購入案例〕

月	1月	2月	3月	4月	5月	6月
單價	$800日圓	$900日圓	$800日圓	$1,000日圓	$1,200日圓	$1,300日圓
A先生	12.5個（10,000日圓）	11.1個（10,000日圓）	12.5個（10,000日圓）	10個（10,000日圓）	8.3個（10,000日圓）	7.7個（10,000日圓）
B先生	10個（8,000日圓）	10個（9,000日圓）	10個（8,000日圓）	10個（10,000日圓）	10個（12,000日圓）	10個（13,000日圓）

A先生……每個月購入1萬日圓（平均成本法）
B先生……每個月購入10個

6個月之後，
A先生……花了6萬日圓，購入62.1個（平均購入單價：966日圓）
B先生……花了6萬日圓，購入60個（平均購入單價：1000日圓）

即便花的錢一樣多，透過平均成本法，
A先生多買了2個以上，平均購入單價也便宜了34日圓。

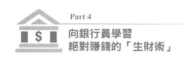

這種手法是一種「時間的分散」，目的是避開買高（在高價時買入）的風險。不是均分數量，而是均分金額，這是特徵。

價格高的時候，購入數量會變少，價格低時則變多，比起單純的數量分割，在平均值上比較有利。

不光是在價格下降時購買，上升時也會購買，所以「攤平損失」（購入的股票或基金等價格下跌時，收購成本＝為降低盈虧分岐點再收購。攤平＝平均虧損）也不一樣。

被稱作個人投資者必讀的寶典《漫步華爾街》（墨基爾，Burton Malkie 著）中也提到：「平均成本法可有效減少風險。」證明了其優點。

當然，這個方法也有缺點。那就是，必須花上十多年的漫長時間，才能享受到複利效果。

3 銀行員私下進行的「海外投資」

「我已經知道平均成本法了，接下來該買什麼比較好？」

「所以說，只能儲蓄基金嗎？」

也許你會這麼想。請等一等！

在此，為各位介紹銀行員私下進行的「**海外投資**」。

海外投資，簡單的說就是投資在海外運用的基金（海外基金）。

海外投資的商品大部分只能在海外購買。

「生財計畫篇」曾提過，在ＨＳＢＣ等開設海外帳戶，就能透過銀行購買。

海外投資的構造和日本的基金相似，卻有很大的差異，海外的資產管理公司實際成效的水準都非常高。

這是因為日本的基金管理公司背後是靠銀行、證券公司在支撐，所以不太在意運用成效的數字，但海外的管理公司多半是獨立體系，運用成效的數字會立即影響公司的業績。

活用平均成本法的金融商品，我推薦的是「**投資型保單**」（註1），這是基金混合壽險的商品。

運用成效好的話，就能獲得超過繳納金額的利潤，這點和基金相同。且因為是壽險，繳費過程中如果死亡，能夠獲得比繳納金額略高的保險費。

運用的基金很多，契約者可以自行選擇，也可選擇複數的基金。

相似的金融商品還有「**變額年金保險**」（註2），這個日本也買得到，只是維持管理的手續費頗高。

基金的手續費加上保險的手續費，等於被扒了兩層皮。

不久前在日本，這個變額年金保險與高齡投保人之間的糾紛浮上檯面，引發社會問題。儘管名稱是保險，因為具有基金的性質，繳納金額沒有全額保障，說明不足造成了問題。

想購買**投資型保單**，請選擇運用成效高的商品。歷史悠久的公司很多，手續費等成本低的也很多，我認為相當適合長期運用。

（註1）投資型保單：是結合「保險」與「投資」兩種功能的保險商品，保戶所繳交的保費除了一部分用來支應保險成本與保單相關費用外，其餘的保費則會依照保戶事先約定的投資方式與投資比重進行投資，由保戶完全享有投資成果，並負擔投資風險。

（註2）變額年金保險：年金結合變額保險特性的商品，保單的現金價值與年金給付額度會隨著投資績效好壞而變動。

4 銀行員必做的「副業」是什麼？

其實，大部分的銀行員都是包租公、包租婆。

「蛤！銀行員是包租公、包租婆？」

也許你會感到很訝異。

銀行員因為經常調職、人事異動，好不容易買了房子又不能久住。有些人會賣掉房子，但接到調職令到實際上任的期間很短，所以大部分的人會把房子租出去。

於是，不知不覺就成了房東……

事實上，很多人因此對不動產投資產生興趣，然後陸續增購「出租」物件。

接下來，針對不動產投資進行更詳細的說明。

不動產投資究竟是怎樣的投資呢？

不動產有著不同於其他資產的特性。

說到資產，立刻會聯想到現金、股票、債券等。

這些稱為「金融資產」。

這種資產和不動產之間有何差異？

雖然現金或股票有實體的紙鈔或證券，但那充其量只是代表價值的記號。

也就是說，金融資產是沒有實體的虛擬物。

另一方面，不動產是確實存在的物體。

從風險和利潤的觀點來比較看看金融資產與不動產。

不動產的表面投報率（全年的租金收入總額除以物件價格），如果有10％以上就算好，無法期待有多高的利潤。另一方面，股票因為股價或股名，翻漲兩倍也不是什麼稀奇的事。

就風險面來看也是如此，不動產的風險雖然低於股票，但絕對不會沒有。既然利潤不高又有風險，或許你會覺得這不算好的投資項目，其實不然。不動產在利潤及風險面有著其他資產沒有的特性，是相當有趣的投資項目。接下來將為各位介紹不動產投資的優點。

5 不動產投資的優點

不動產投資的優點有以下五點：

①每個月可獲得現金收入

相較於股票等金融資產是獲得資本利得（債券或股票等因資產價格上升而得到的利益），不動產不只獲得資本利得，也能獲得額外獲利（保有資產得到的利益）。而且，這個額外獲利是每個月收取現金的租金收入。

每個月都有現金收入，感覺就像拿到薪水，令人非常安心。在這個經濟不穩定的時代，就算是上班族，為自己創造薪資所得以外的金流很重要，不動產投資是上班族也能實行的創造金流方案。

②金流穩定

股價受景氣波動影響極大，所以每天都有很大的變動。交易成功的話就會賺錢，但事實上失敗的機率比較高。即便一開始很順利，繼續維持下去也是非常困難的事。

若是不動產，金流持久穩定是特徵。

租金收入很少會有變動。

因為住宅對所有人來說是生活必需品，這方面的需求絕對不會消失。

不動產是耐用消費品，只要不會馬上消失，不會隨著時勢出現大幅變化。

擁有以上這些特性，不動產的租金收入可說是相當穩定。

③能夠自己管控物件

不像其他金融資產，不動產是存在於現實的「實物」，所以需要實際的管理。

這個物件的管理，基本上是持有人自由實行，這是其他資產沒有的特徵。

以股票為例，就算持有股票，如果不是大股東，便無法參與公司的經營。

若是不動產，因為要自行管理物件，所以能管控不動產的風險。

換句話說，即使不動產原本的風險很高，也能控制風險。

只要積極一點管理，不動產的價格可能還會提高。

例如，進行設備的汰換，製造與周邊其他物件的差別，藉此增加租金收入，物件的價值就會提高。

此外，關於將來不動產該怎麼處理，也有很多選項。

房市好的話，賣掉就能獲得資本利得，繼續保有也能獲得租金收入。

房市差的話，與其考慮繼續保有或賣掉，為了提高流動性，可以變更土地後再賣。

④可以運用槓桿

不動產投資比起股票等其他資產，利潤沒那麼好，但這個投資項目有個優點，那就是可以運用槓桿。

槓桿是指「槓桿效果」，意思是利用少少的力量（資本）產生強大力量的原理。

這是富豪之間比較常用的理論，用來思考個人的不動產投資不太容易。

基本上，股票無法借貸購買，可是不動產就可以。而且，因為槓桿效果加快成長速度，很快就會變成有錢人，簡直是變成有錢人的捷徑。

不過，槓桿越高，風險也會變大，最後反而吃虧，這點要注意。因此，必須具備能夠適度控制風險的心態與技巧。

⑤自由運用的時間增加

我認為這是不動產投資最大的優點。

進行不動產投資的所有過程，可以使用別人的時間。也就是說，除了不動產投資的判斷之外，其他一切的事都能交給別人去做。

不動產的持有人本來就沒什麼事好忙，大部分的事都可以委外辦理。而且，比起那些外包成本，獲得的利潤經常是其他投資比不上的高。

結果，幾乎沒什麼需要自己做的事，所以自由運用的時間變多了。

不過，不動產並不會一直創造租金收入。

活用不動產的不勞所得，可以致力於本業，也能自由開創其他事業。

盡情去做自己想做的事，好好運用時間。

6 不動產投資的缺點

前面介紹了不動產投資的優點，現在要來說明缺點。

①買賣很花時間

買方與賣方個別交涉，雙方達成買賣共識後，各自進行買賣的準備，準備好之後付款，必須像這樣經過一連串的手續。

因此，花一個月以上的時間完成一筆買賣是常有的事。

購買不動產很費時，賣掉的時候因為要找到買方看屋，賣掉之前也要花費相當多的時間。

因此，不同於股票的買賣，想賣的時候不能馬上賣掉是缺點。

用專業術語來說，這叫做「流動性低」。

②情報公開有限，不易理解

因為不動產買賣主要是相對買賣，情報很少被廣泛釋出。

恕我直言，不動產業界是ＩＴ化相當慢的業界。

一般人接觸的不動產情報管道有限，反而提高了不動產買賣的困難度。

③借款會增加

對上班族來說，借款是一件令人很不安的事。

在經濟泡沫化時期因為不動產吃過苦頭的人，說不定很排斥為了投資不動產去借錢。

不過，今後想要繼續投資不動產的話，必須克服借錢的心理障礙。

的確，背負上億的債務會造成不小的精神壓力。

這種心理的排斥感就是「借錢的億萬高牆」。

為了突破這堵「借錢的億萬高牆」，首先必須改變自己的常識。

就算這樣的想法不正確，不要去想自己的薪水還不還得起借款。

用自己的薪水去衡量，想到借款金額的龐大，肯定會想打退堂鼓。

7 檢視投資用不動產的三大重點

接下來，為各位介紹如何辨別投資用不動產的好壞。

共有三大重點，分別是：

・投報率

- **資產價值**
- **現金流**

「**投報率**」是指，不動產原本的價格與利潤（租金）之間的關係，是表示不動產收益性的指標。

可以用以下的公式表示。

投報率＝租金收入÷價格

「**資產價值**」是指，不動產被立刻處理後的市場價值，具體數字是以不動產的累計價值表示。

資產價值重視的是土地價值，因為土地不會隨著時間經過而貶值，價值絕對不會消失。

建物是一種折舊資產，因為會隨著時間經過而劣化、折舊，過了耐用年數，資產價值就會消失。

因此，即使時間經過也無損價值的土地更受到重視。

「**現金流**」是指，從不動產獲得的租金收入，扣除要繳還的貸款或費用後，手邊剩下的現金收入。

現金流又分為扣除所得稅、住民稅（註）、營利事業稅等稅金前的「稅前現金流」，以及扣稅後的「稅後現金流」。

三大重點當中，最重要的是現金流。

因為，能否繼續投資不動產，最終的關鍵還是得看手邊剩下多少現金。

（註）住民稅：日本國民戶籍所在的地方政府課的地方稅，依所得多寡課稅，稅率因地方不同。

或許你會認為，代表收益性的投報率才最重要。

可是，投報率到頭來只是表示本金和利潤的關係指標，是相對的數據。

即使表面上的投報率再高，如果維持不動產的費用也很高，手邊剩下的現金很少或不足，投資很難成功。

欲使不動產投資成功，購買符合以上三大重點的物件是最好的捷徑。

雖然要找到符合這三大重點的物件非常困難，但絕非找不到。

符合所有要點的物件，可說是「珍寶」。

8 賣也好、留也好，銀行員最愛的金融商品是什麼？

讀到這兒，相信各位都已知道，銀行員最愛不動產。

最關鍵的理由是，不動產會創造現金流。

而且，不動產還有土地，所以幾乎不會有「本金消失」的風險。

此外，與其他投資案的差異在於：「購買不動產的資金，銀行願意借。」這種情況只有不動產可以。

銀行願意借購買不動產的資金，也是基於相同的理由。對銀行來說，不動產每個月都會收到租金，有擔保價值，借出的錢變成呆帳的風險很低。

不過，借款的風險其實一直都在。

因為是借款，只要利息上升就會影響現金流。

自己的資金也是個問題，所以不是任何人都能馬上購入不動產。

那樣的情況下，在存到一定程度的資金前，最快的方法就是投資房產信託（REIT）。REIT是「Real Estate Investment Trust」的簡稱，日本的房產信託會加上

Japan的「J」，稱為J-REIT。

這是源自美國的機制。

向許多投資者收集資金，購買辦公大樓或商業設施、大廈等複數的不動產，再將租金收入或買賣收益分配給投資者的金融商品。

運用成效上，即使是建物折舊後的投報率也有5%左右。

假設現物不動產折舊後的投報率約3%，算是相當高的水準。

雖然沒有能夠立即購入不動產的資金，想嘗試不動產投資的人，不妨試試看房產信託。房產信託在證券交易所也有上市，是流動性高的金融商品，隨時都能賣出。

有在投資房產信託的銀行員也很多。

現在比起二〇一二年初，已經升值了40%左右。

今後應該還會再漲。

據說，不動產的價格追隨在股票之後。

換言之，從股價的變動可以預測不動產價格的變動。

因此風險也較少，成為受銀行員喜愛的重點。

july
aug.
sep.
nov
dec.

Part 5

成為「守」富的要點

「錢」是什麼？

到前一章為止，都在說明如何擬定「生財」計畫。

有些部分，各位或許已經知道，

「現在才注意到！」

「終於弄懂了！」

如果有這樣的反應，我會感到很開心。

在日本，關於賺錢這方面的事，幾乎沒有正式教導的場所或機會。因此多數孩子都是看著自己的父母有樣學樣，學習父母的金錢觀念。小時候的家庭環境以及父母對金錢的態度，會帶給孩子莫大的影響。

我也是出了社會成為銀行員之後，才開始思考關於錢這件事，進而去深思「錢是什麼？」。

那麼，錢到底是什麼？首先，從基礎看起。

錢的作用有以下三個：

①交換的手段
②測量價值的手段
③儲存價值的手段

錢是為了發揮這三個作用而誕生。

想像一下原始時代會比較好理解。

當時還沒有錢這種東西，人們為了獲得想要的東西，採取以物易物的手段。用山中採到的水果，交換海裡捕獲的魚。不過，用自己有的東西換取想要的東西，經常會遇到不湊巧的情況。像是對方沒有你想要的東西，或是自己沒有對方想要的東西。辛苦捕到的魚無法如願換到好東西，就容易心生不滿。

而且，物品終究會腐壞，留不住原形，購買時的價值無法永久持續。

經歷了這樣的時代，

「無論何時，客觀的價值都不會改變。」

「有需要時，就能換到想要的東西。」

「保管再久也不會腐壞、消失。」

於是，「錢」就這麼誕生了。

到了現代，錢這東西變得很重要，有時會大大的左右人生，甚至有人說「錢比命重要」。

但事實上，錢不過是你我約定用的「記號」。

錢比命重要，沒這回事！

希望各位牢牢記住這點。

關於「金錢」，我們確實有必要仔細了解。

雖然重要卻沒人知道的金錢習性

對生活在現代的你我而言，錢是不可或缺的東西。

要買每天吃的食物及生活必需品，一定得花錢。

因此，任何人都知道「錢很重要」，可是卻很少思考關於錢的事。

學校裡也不教，加上日本的社會風氣，忌諱公開談論錢這件事，所以孩子們不會去想父母花錢的方式是否正確，直接有樣學樣的學起來。

其實，錢具有特徵性的習性。

只要理解「錢的習性」，錢會多到讓你嚇一跳。

為什麼我敢這麼說，因為我曾是任職於大銀行的行員。

銀行員的工作情況，透過電視劇或小說等，各位應該略知一二。

三點半一到拉下鐵門，分行內開始結算當天交易的現金。用一塊錢的單位對照客戶存款與支出的錢是否平衡。只要有一塊錢對不上，除了窗口業務的銀行員，就連課長或分行長也會卯起來搜尋那一塊錢……

那種場面是事實。

雖然電視劇與實際情況有出入，過於渲染、誇張的部分很多，但一塊錢確實會在銀行內引起騷動。

前面也提過，弄丟一塊錢的行員雖不至於丟掉工作，考績卻會留下很大的負評。

所以，平常工作時接觸現金，就連一塊錢也不能輕忽，銀行員都是抱持這種緊繃神經的心態在工作。

繃緊神經接觸金錢，久而久之自然會知道「金錢的習性」。

究竟什麼是「金錢的習性」呢？

我們常會聽到：

「愛錢的人，錢會滾滾來。」

「討厭錢的人，錢不會來。」

之類的話。

不過，銀行員的想法不太一樣。

他們認為：

「錢會聚集在錢流通的地方。」

「錢會往錢多的地方去。」

在銀行，貸款（＝借錢）被稱為「活錢」。

借款是把錢借給「人」，因應人的需求而使用，所以稱為「活錢」。

反之，存款則被當作「死錢」。

因為，那是不會流通、只為自己保留的錢。

為什麼會有那樣的想法，這是有理由的。

負責ATM數千萬現金的補充，保管金庫裡以億為單位的錢，都是銀行員的工作。

此時，各銀行分行運用的金額，有相當大的落差。

在好幾家分行服務過，我實際感受到：

「能夠準備大筆現金的分行，就能進行大筆的交易，進而聚集更多的錢。」

聚集很多錢就能再借給更多人，然後錢就滾滾來……，我察覺到這樣的循環。

此外，錢的習性還有：

「拚命追，錢就會逃。」

「不過，表現出不想要的態度，錢也不會靠近。」

簡直就是男女關係的寫照。保持適當的距離很重要。

只要了解錢的習性，你的人生將會改變。

守得住錢的人，一定都在錢聚集的場所中心。

說得具體一點，就是一群投身順應潮流的商業中心、情勢看漲的業界的人。

二〇二〇年的奧運已經決定在東京舉辦，情勢看漲的應該就是不動產或建築業。

成為百萬富翁的能耐

銀行員因為工作的關係，借錢給所有的業界。

把錢借給想做事的人，支援對方實踐計畫，就是所謂的「融資」。

因此，銀行員經常以他人的角度去觀察、判斷各種事情。

站在對方的立場思考，成了他們的習慣。

工作中，他們會遇到「錢變多的人」與「錢變少的人」。

怎樣的人會讓錢增加，怎樣的人會讓錢減少，甚至失去所有，那些個案他們見過不計其數。

想必沒有人會不想要錢吧！

如果可以，每個人都希望成為有錢人。

但實際上，一夕間成為大富翁的人，真的有那種能耐嗎？這點很重要。因為突然變有錢導致人生大亂的例子，不勝枚舉。

說到關於錢的書，一定會提到《猶太富豪的教誨》（本田健著）這本寶典。

書裡的猶太銀行家這麼說：

「中樂透覺得很開心，那只是表面。那樣的能量伴隨著怨恨、痛苦、嫉妒。『好想變成有錢人！』這種累積數萬人怨念的錢，你真的想要嗎？這也是為什麼中了好幾十億樂透的人，幾年後就破產了。得到超過自身能耐的錢是不幸的事，所以就算中樂透也不會不幸的人，應該原本就是有錢人，要不就是把錢和周遭一起分享的人。」

那麼，具有成為百萬富翁能耐的人，具體上擁有怎樣的要素呢？

在銀行員看來，百萬富翁具備五個明顯的特徵：

①誠懇傾聽別人說話

錢會往懂得正面思考的人靠近。

誠懇很重要。傾聽別人說話，坦然聽取對方的意見。

如此靈活的心態與思考方式，會讓你遇見並接收「更好的情報」。

②為了他人花錢

別只想著獨占好處，只有自己好就好，錢會主動靠近能夠與別人分享的人。

③別浪費時間

「Time is money.」時間就是金錢。

錢和時間一樣，隨便對待的話，無論是錢或時間都會離你遠去。

④留意服裝儀容

百萬富翁對外表或穿著打扮極為講究，因為他們很清楚，第一印象和外表會大大的改變人際關係。

⑤隨時笑臉迎人

笑容會吸引人，同樣的，也會吸引錢。

新人脈會為你帶來更多情報，最後錢也跟著滾滾來。

如何？你具備成為百萬富翁的能耐嗎？

守不住錢的人，「忽略」的三件事

前文介紹了百萬富翁的五個特徵，接下來了解一下守不住錢的人的習性。

守不住錢的人，「忽略」了三件事：

①社會貢獻

守不住錢的人，往往只看得到錢。

這樣會虧！這樣會賺！他們時常會用這樣的感受去做判斷。

在那樣的狀態下，就算變成有錢人，也不是真正的富有。

想貢獻社會的想法，要和他人一起變富裕的念頭。做了對社會有貢獻的事，才能獲得富足的人生。

日本的近江商人(註)有個「三方好（三方よし）」的古訓：

「賣方好、買方好、世人好。」

也就是「win-win（雙贏）」再升級的「win-win-win（三贏）」狀態。唯有這樣，當生意興隆的同時，人生也會變得富足。

②健康

守不住錢的人，有個共通點是「漠視健康」。

像是愛吃泡麵、牛肉蓋飯、超商便當、速食的人非常多。

（註）近江商人：又稱江商，主要是指在鎌倉時代至昭和時代，出身於滋賀縣的商人。與大阪商人、伊勢商人並稱日本的三大商人。

這些東西偶爾吃還好，攝取過量就要留意卡路里和添加物。

此外，老是吃這類的加工食品會對身體造成負擔，經常感冒、情緒容易煩躁。因為心煩所以喝酒、抽菸，陷入惡性循環。最後導致生活品質嚴重下降。

前面在百萬富翁的特徵曾提到，笑容很重要。身體狀況差、臉色不好的人，別人也不會靠近。

想當然，錢也不會靠近。

③夥伴

這兒的夥伴泛指夫妻、家人、戀人、朋友、同伴、公司的同事等。

沒有能夠共享喜悅的夥伴，人生的歡樂、趣味會減半，甚至變得更少。

遇見怎樣的夥伴，與對方度過怎樣的時光，會大大改變人生的品質。

在此，請問各位一個問題：

「和你共享最多時間的七個人是哪些人？」

據說，那七個人會創造你的未來。

自己好就好的想法，將使夥伴遠離你。

然後，錢也跟著遠離。

你知道其實錢本身沒有價值嗎？

再請問各位一個問題：

「假設你眼前有一萬塊，你會有什麼感覺？」

「如果有一萬塊，就可以買那個、吃這個……」

你或許會覺得很開心，還有點小興奮對吧！

但，銀行員不會有那種感情。

因為在平日的工作中，他們已經對著大量的錢看了整天，對錢的執著心越來越淡，甚至沒什麼感覺。

對銀行員來說，錢不過就是記號。錢只是讓生活變方便的「通行證」，通行證本身並無價值。在銀行員的認知中，錢不過是讓事情順利進行的便利工具。鈔票就只是紙。因為大家的約定才有了價值。

其實，這種感覺非常重要。

越是守不住錢的人，越是重視紙鈔。看到錢，馬上會去想這筆錢能夠做什麼、買什麼。

守得住錢的人，對錢不會那麼在乎。因為他們認為錢本身沒什麼價值。

像這樣，和錢保持適度的距離感，也會比較節制。

換言之，**對錢的感覺從緊張變成自由的狀態**。

各位或許會覺得不可思議，變成這種狀態後，錢自然會不斷湧向你。

讓錢去「賺」錢

說起「賺錢」的方法，
「只能自己工作賺錢啦！」
大部分的人都是這麼想。

可是，工作賺取的勞動收入有限。
時薪×一天最多二十四小時已是上限。
然而，實際上我們必須有睡眠及吃飯的時間，加上體力和精神的問題，上限金額會變得更低。

收入與勞動時間成正比的話，想要增加收入，只能增加工作時間。

像這樣出賣自己的勞動時間，用時間賺取金錢，等於把自己的將來都交託給雇主。

就算想增加工時，如果雇主不讓你加班也沒辦法，受到景氣差的影響，可能面臨薪水減少、公司倒閉、失去工作的情況。

當然，想提高時薪還是有辦法。

不過，這確實頗為困難。

畢竟提出要求，老闆也不會馬上調薪。

需要等待一段時間。

在公司裡升職、加薪同樣不是件容易的事。

看看日本這個國家的現況。

被稱為借錢大國的日本，財務結構如今已是相當危險的程度。

債務餘額是全球最高，超過了一千兆日圓。

從GDP的比率來看，根據財務省（相當於我國的財政部）的資料顯示是美國的兩倍。

如此異常的水準，不久的將來，國家將面臨捨棄國民，或是與國民一起陷入困境的選擇……這種情況很有可能發生。

面臨那樣的時代，日本人不能再將自己的未來交給國家或公司。

因此，**必須要有獲得勞動收入以外的方法**。

獲得勞動收入以外的方法——那就是，

讓錢去「賺」錢。

這正是你我今後應該選擇的最佳方法。

過去在日本，只要在一家公司持續工作下去，靠著年功序列（註）的制度就能增加收入。

透過工作穩定的賺錢，讓錢增加。

可是，現在的日本變成怎麼樣呢？

不得不說，存在著非常多不安的要素。

勞動收入是運轉人生的大車輪。

可是，將來不是獨輪車，而是兩輪車。

第二個車輪就是資產運用，用錢去賺錢。

現在有這種想法的日本人還很少，但這肯定是今後必要的觀念。

（註）年功序列：以年資和職位來訂定標準化的薪水，通常搭配終身僱用的觀念，鼓勵員工在同一公司累積年資到退休。

時間買得到，你知道嗎？

假設大學畢業後，從22歲一直工作到60歲，然後活到78歲。

人生擁有的時間在出生的時候最多，接著不斷減少。

年輕時，有的是時間卻沒錢。

因為有時間，所以打工賺錢，出社會工作後也是付出時間，工作賺錢過生活。

以現在日本人的平均年齡來看，折返點大概是40歲（二〇一二年度調查日本人的平均壽命，女性為86.41歲，男性為79.94歲）。

40歲左右，剩餘的人生逐漸變短，錢倒是存了不少。60歲退休前一直工作的話，錢還會不斷增加。退休後，用存下來的錢過生活。

這種人生剩餘的時間與金錢的關係，簡單的想是一種反比。

人生的前半段，賣掉自己的時間，換取別人的錢。

人生的後半段，花自己的錢，買別人的時間。

把錢與時間的關係，想成老闆和員工的關係就很好理解。

老闆（雇主）先提出「這是時薪（或月薪）〇〇的工作」，員工接受才開始工作，所以是老闆用錢買走員工的時間。

但，從員工的角度來看，正好相反。

在資本主義的觀念，老闆是買走他人時間的人。

另外，錢與時間的關係也像是「借款」。
借錢和買時間是相同的行為。
前面提過，借款分為良性及惡性。
良性借款和用錢買時間的意思相同。
可以用經濟用語的「淨現值」來說明。

淨現值是指，把將來的錢用現在的價值折現後，大概會是多少。

假設你有一百萬的定存。
如果利息是１％，一年後就增加為一百零一萬。
反之，一年後的一百萬會是現在的多少呢？
單純計算的話，大約是九十九萬。
把一年增加的１％折現，得到的數字就是淨現值。

也就是說，時間的價值是一萬。

時間有了價格。

利息＝時間的價值。

想成是預支薪水的話，就更好理解。

假設一個月前先預支下個月薪水的二十萬，經過時間的折現，有時只能拿到十八萬。

一個月後的二十萬用現在的價值換算，因為時間的折現，金額會變得更低。

不過，要是覺得提早一個月拿到是值得的，就算借錢也無妨。換言之，時間可以買得到比起折現的利息能夠獲得很大的利潤，那就是「良性借款」！

你已經做好20年後的計畫了嗎？

借錢給人是銀行員的工作。

但，有個大原則是「借出的錢回收後，任務才算完結」。

把錢借出去的當下，任務才剛開始。

在決定好的期間，所有的錢都還完，稱為「好生意」。

不過，對借錢的人來說，卻是認為借到錢的當下任務即成功。這就是借款人與貸款人之間很大的認知差異，這個差異經常引發問題。

像這樣，習慣以長期的觀點思考事物的銀行員，對公事以外的情況也抱持著長期的展望。

這絕對能使人展開「守」富的行動。

將來的計畫表是自己人生的設計圖。

守得住錢的人，多半已經做好二十年後的計畫。

具體想像自己想變成怎樣的人，依循想像展開行動，自然能種下美好將來的種子。

各位也試著擬訂二十年後的計畫吧！

後記

在此，先感謝讀到最後的各位讀者。

這是我的第三本著作。本書的誕生是因為，出版策畫松尾昭仁先生主辦的「商管作者養成學院」。

前兩本書都是以「不動產投資」為主題，本書則是以「錢」為主旨，彙整了我在銀行員時代發現並成功實踐的「生財」知識與技術。

最後，我想和各位聊聊寫這本書的經過。

時光倒回六年前……

「生了生了！是個健康的女寶寶，放心吧！」

某天早上出門上班前，我接到岳母的來電，說女兒出生了。

當時，我是個非常忙碌的銀行員。

帶著依依不捨的心情去上班，下班後立刻搭乘新幹線直奔太太的娘家。

和三歲的兒子一起初見女兒的臉，那一瞬間——

「在這孩子面前，我要好好表現為人父的生活態度！」

心中滿是這個念頭，我堅決地告訴自己，一定要做到。

也因為如此，

「繼續當銀行員好嗎？」

「聽到女兒出生了也不能馬上來看她，做這樣的工作值得嗎？」

「什麼是讓孩子引以為傲的『生活態度』？」

這些想法一直在我腦中盤繞，至今我仍清楚記得當時內心的糾結。

從那個瞬間起，我每天開始摸索屬於「自己的人生」。

後來我很快發現到，在銀行員職涯中培養的知識、判斷力、心態與技術，對我的挑戰有所幫助。

六年前剛出生的女兒，如今已是就讀幼兒園、在運動會活蹦亂跳的小女孩。

我以投資顧問的身分寫書、演講，生活忙碌卻很充實。

「想讓錢增加」的理由或契機，因人而異。

「錢變多後，去買想要的東西！」

「錢變多後，存起來當養老金！」

「錢變多後，想買和家人一起安心生活的房子！」

六年前為了出生的女兒，我拚命研究「生財方法」，現在還可以傳授他人。

如果六年前我不是銀行員，應該學不到那麼多關於錢的知識吧！

如果六年前我沒有拚命構思「讓錢賺錢的計畫」，應該就不能像現在這樣，過著以家人為重心的生活。

現在的我每天都感受到，能夠掌控金錢與時間的美好。

想想也才六年前，當時我無法做想做的事，每天都被公事綁死、壓力很大，擠上客滿的通勤電車搖搖晃晃的過日子。

正因為有那樣的過去，所以我敢大聲說：

「擺脫金錢的束縛，請專注去做你真正想做的事！」

昔日的幽默大師卓別林在名片《舞台春秋（Limelight）》裡說過這樣的話：

「人生需要的東西是，勇氣與想像力，還有一丁點錢。」

每個人的人生只有一次。

僅此一次的人生全部用來賺錢，豈不是太可惜了……

衷心期望本書能成為讓各位「錢變多，改變人生」的契機，就此擱筆。

長岐隆弘

銀行理專才知道！讓錢變多的 43 種方法

原 文 書 名／銀行員だけが知っている　お金を増やすしくみ
作　　　者／長岐隆弘
譯　　　者／連雪雅
美 術 編 輯／申朗創意
責 任 編 輯／許典春
企畫選書人／賈俊國

總　編　輯／賈俊國
副 總 編 輯／蘇士尹
資 深 主 編／吳岱珍
編　　　輯／高懿萩
行 銷 企 畫／張莉滎・廖可筠・蕭羽猜

發　行　人／何飛鵬
出　　　版／布克文化出版事業部
台北市中山區民生東路二段 141 號 8 樓
電話：(02)2500-7008　傳真：(02)2502-7676
Email：sbooker.service@cite.com.tw
發　　　行／英屬蓋曼群島商家庭傳媒股份有限公司城邦分公司
台北市中山區民生東路二段 141 號 2 樓
書虫客服服務專線：(02)2500-7718；2500-7719
24 小時傳真專線：(02)2500-1990；2500-1991
劃撥帳號：19863813；戶名：書虫股份有限公司
讀者服務信箱：service@readingclub.com.tw
香港發行所／城邦（香港）出版集團有限公司
香港灣仔駱克道 193 號東超商業中心 1 樓
電話：+852-2508-6231　　傳真：+852-2578-9337
Email：hkcite@biznetvigator.com
馬新發行所／城邦（馬新）出版集團 Cité (M) Sdn. Bhd.
41, Jalan Radin Anum, Bandar Baru Sri Petaling,
57000 Kuala Lumpur, Malaysia
電話：+603- 9057-8822　　傳真：+603- 9057-6622
Email：cite@cite.com.my
印　　　刷／卡樂彩色製版印刷有限公司
初　　　版／2017 年（民 106）04 月
售　　　價／320 元

GINKOIN DAKE GA SHITTEIRU OKANE WO FUYASU S H IKUMI

ISBN ／ 978-986-94281-7-0

城邦讀書花園　布克文化
www.cite.com.tw　WWW.SBOOKER.COM.TW

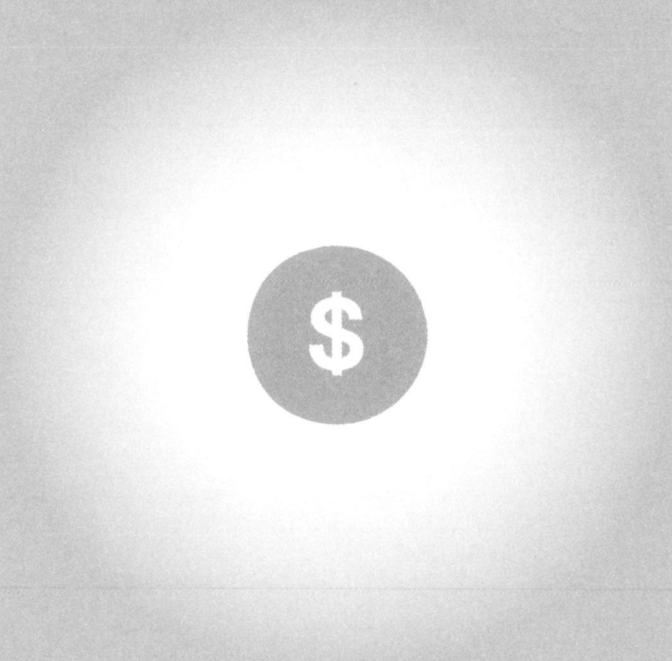

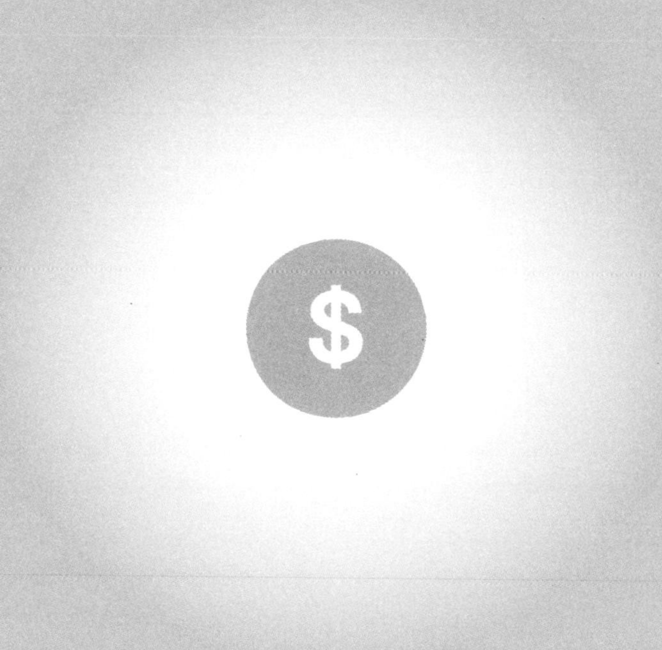